Janelas da alma

EDITORA EME

Edição e distribuição

EDITORA EME
Caixa Postal 1820 - CEP 13360-000 - Capivari - SP
Telefones: (19) 3491-7000 | 3491-5449
Vivo (19) 99983-2575 | Claro (19) 99317-2800
vendas@editoraeme.com.br - www.editoraeme.com.br

José Milton da Costa

Janelas da alma

Capivari-SP
– 2015 –

Os direitos autorais desta obra foram cedidos pelo autor para a Editora EME, o que propicia a venda dos livros com preços mais acessíveis e a manutenção de campanhas com preços especiais a Clubes do Livro de todo o Brasil.

A Editora EME mantém, ainda, o Centro Espírita "Mensagem de Esperança", colabora na manutenção da Comunidade Psicossomática Nova Consciência (clínica masculina para tratamento da dependência química), e patrocina, junto com outras empresas, a Central de Educação e Atendimento da Criança (Casa da Criança), em Capivari-SP.

1ª reimpressão - junho/2015 - Do 3.001 ao 4.000 exemplares

CAPA | Victor Augusto Benatti
DIAGRAMAÇÃO | Rafael Gatti e Marco Melo
REVISÃO | Rubens Toledo

Ficha catalográfica

Milton da Costa, José, 1942
Janelas da alma / José Milton da Costa - 1ª reimp. jun. 2015 - Capivari, SP : Editora EME.
208 p.

1ª ed. dez. 2014
ISBN 978-85-66805-48-2

1. Espiritismo. 2. Autoajuda. 3. Textos motivacionais
I. TÍTULO

CDD 133.9

Dedicatória

Dedico este trabalho a todas as pessoas que se aproximaram de mim sem interesse. Amizade por amizade, e que foram as construtoras para abrirmos as JANELAS DA ALMA.

O autor

Agradecimentos

À Maria Regina, minha mulher, pela dedicação, zelo e incentivo constante em meu trabalho.

À Elaine Mendonça de Sales do Grupo Socorrista Maria de Nazaré, em Boituva-SP, companheira de primeira hora que se prontificou a digitar o esboço deste trabalho.

À Luci Ângela Cruz, amiga de sempre, por realizar a primeira leitura dos textos, apresentando sugestões oportunas, avaliando seu conteúdo, enriquecendo esta obra. Ela é uma companheira incansável na seara espírita.

À minha neta Lívia, grande inspiradora deste livro. Sua presença entre nós é a certeza de um mundo melhor.

Sumário

FALE CONOSCO

QUEREMOS SABER SUA OPINIÃO SOBRE NOSSO LIVRO: ______________________________

______________________________ (Favor mencionar o nome do livro)

____

____

____

____

____

____

____

Prefácio

O aprendizado é constante em nossas vidas. A cada amanhecer, a cada sol que se põe. Tudo é bom. Mesmo que em princípio não pareça. Aprendemos isso na doutrina espírita. Estudando Kardec, lendo Emmanuel, sentindo Jesus.

Aprendemos também com os companheiros de jornada. E Milton é um deles, um grande amigo. Tem sempre uma palavra de consolo, uma história que elucide a conversa. Pesquisa e estuda bastante a doutrina dos espíritos e procura colocar em prática o que aprende.

Uma vez tomei emprestado um livro dele. Na contracapa estava escrito: "Levei 56 anos para entender que não devo e não posso mudar as pessoas." Outra vez, ele disse que, ao sabermos de um fato, já estamos envolvidos nele, e algo precisa ser feito para auxiliar. E Milton auxilia mesmo! Sempre nos ensina algo, mesmo sem perceber. Segue o lema do espiritismo: fora da caridade não há salvação.

Esta obra é resultado das vivências de Milton. As palestras que realizou ao longo do tempo serviram de auxílio a outros palestrantes, no esclarecimento de quantos buscam sua transformação pessoal.

Querido amigo! Que as sementes que você plantou floresçam pela eternidade. Que Jesus ilumine seus passos e você possa ter sempre a mente lúcida, o caminhar firme.

Com um forte abraço,
Luci Cruz
Outubro de 2014.

Introdução

"Viver é melhor que sonhar", já cantou Belchior em *Como nossos pais*.

Mas viver à luz do evangelho de Jesus e nos princípios da doutrina espírita é uma tarefa difícil, uma meta para todos nós.

Estamos aqui para estudar e buscar a evolução espiritual, cada qual no seu devido tempo, obedecendo ao princípio do livre-arbítrio.

Os livros e os ensinamentos são pontos de referência e indicativos para que possamos viver uma vida melhor.

Apesar das transformações íntimas e comportamentais que conseguimos ao longo de nossas existências, ainda estamos distantes de sermos como nos recomenda o mestre Jesus: "Sede perfeitos como o Pai é perfeito." Estamos em estágios de evolução. Que bom se pudéssemos viver em plenitude as verdades a nós apresentadas ao longo de nossa jornada.

Vivemos numa inversão de valores: fazemos a outrem o que justamente não queremos que nos façam. Quase todas as nossas mazelas envolvem problemas de convivências e relacionamentos. Mas são elas que nos ajudam em nosso crescimento, quando são compreendidas.

Este livro tem a intenção de nos auxiliar na busca da verdade que nos liberta. E assim nos tornarmos seres melhores.

Que Deus nos ilumine e abençoe.

O autor

Mensagem de Inácio

Boa noite a todos,

Saudamos o nosso mestre Jesus e pedimos que ele ilumine a todos.

O espiritismo não é uma doutrina legada aos seus discípulos por meio de um guru ou de apenas um espírito de luz em missão na Terra.

Ele é, desde o seu princípio básico, fundamentado na humildade dos médiuns anônimos que trouxeram de vários espíritos de luz as verdades básicas necessárias à nossa evolução pessoal.

Por princípio não fere o livre-arbítrio de ninguém, uma vez que não dá fórmula de sucesso ou senhas mágicas de vitória sobre os problemas do dia a dia.

Coloca no cerne de sua filosofia a vontade individual para obtermos as chaves de nossa evolução espiritual. Chaves essas que solicitam a abertura de nossas arcas do "eu." Fazendo-nos facear as nossas imperfeições de caráter e de personalidade.

Não aponta o dedo acusador para ninguém, na exigência de retratação de suas mazelas. Fornece, no entanto, as bases sobre as quais, os verdadeiros espíritas construirão as suas rotas de serviço.

Tiago, no evangelho, questiona: "De que adianta a fé sem obras?"

Ora, onde devemos realizar estas obras? Que material dispomos para trabalhar?

As suas necessidades de vivenciar estes ensinamentos é que originam, dentro das nossas almas em desequilíbrio, as capelas e altares onde sacrificaremos os nossos defeitos e vícios. A cada dia um pouco mais, e a cada dia com mais facilidade.

Isto porque queremos conclamar todos os trabalhadores e rever os seus conceitos: qual a sua participação e qual o seu compromisso com os trabalhos aqui realizados?

Se comparecermos a esta casa de amor por pura obrigação, não aproveitaremos as oportunidades maravilhosas de serviço que aqui se apresentam.

Se comparecermos com enfado e preocupados com nossos compromissos terrenos, que tipo de sintonia com o plano maior teremos? E que tipo de energia doaremos?

Todos, sem exceção, adentram este recinto por meio das mãos da dor. Como o divino mestre a todos socorre, dentro em pouco estamos recuperados, aproveitando dos espíritos abnegados que carregam sobre seus ombros o manto do amor.

Nesse instante, em que recuperados de nossas atribulações somos instados a retribuir aos nossos irmãos do espaço dando-lhes parcela mínima de nosso amor, colocamos as nossas necessidades sociais e pessoais sobre esta oportunidade de transformação e redenção, ressaltando o "eu."

Jesus disse ao jovem rico para que priorizasse o espiritual sobre os compromissos terrenos, e este, aterrorizado, ante a possibilidade de passar por um período de escassez, abriu mão da oportunidade de servir e alcançar mais rapidamente a felicidade.

As casas espíritas, sejam quais forem, sofrem com a falta de compromisso de seus frequentadores, que se denominam trabalhadores. Porém, se Jesus aqui comparecesse, você teria coragem de se autodenominar trabalhador do evangelho?

Não nos basta a presença física, se seu espírito e coração não estiverem presentes e participantes dos trabalhos.

Não nos julguemos melhores do que os assistidos ou do que outro trabalhador. Deus sabe o quanto valemos e o quanto estaremos realmente comprometidos com a nossa reforma.

Sejam fraternos. Porém, como ser fraterno, se mal suportamos a presença uns dos outros? Como trocar algumas palavras fraternas após os trabalhos?

Como nos apresentar ao mestre como seus discípulos se o que sai de nossas bocas são intrigas ou ferretes de acusação que ferem em vez de libertar e orientar?

Não precisamos falar sobre as intrigas, porém cabe falar um pouco sobre as palavras duras.

Onde está o perdão? Onde está a tolerância para com as incapacidades alheias? Onde está gravada em nossa fronte que podemos julgar a quem quer que seja? Jesus, o melhor de todos nós, que já passou neste planeta, não julgou. Como queremos nos atribuir essa capacidade?

O preço da paz é a eterna vigília. Complementamos que é também o eterno esforço para melhorar, para domar as nossas imperfeições, que, como a hidra de Lerna, levanta sempre uma nova cabeça ao julgarmos que abatemos uma.

Nenhuma casa se sustenta sem amor. Nenhum centro espírita pode se basear no dinheiro e no poder de suas realizações.

Esses, se houver, são resultado da perseverança de seus verdadeiros trabalhadores. Aqueles que entendem que não trabalham para "A" ou "B", mas que servem a Jesus e seus mandatários espirituais.

Finalmente, olhemos não para o que nosso irmão faz de errado, mas louvemos o que ele já pode fazer e supramos as suas deficiências.

Inácio

(Palavras recebidas pelo médium Fortunato, ditadas pelo espírito Inácio, na noite de 5 de maio de 2011, no Grupo Socorrista Maria de Nazaré, em Boituva, SP, e que dá sequência à mensagem de abertura.)

Capítulo I

Vacina contra decepção

> As vítimas da decepção e do desengano são aquelas pessoas que sempre esperam retribuição pelo que fizeram.
>
> *Autor desconhecido*

Jesus exorta o desinteresse, conforme consta no evangelho de Lucas (14:12-14). "Disse ainda a quem o tinha convidado: Quando deres almoço ou jantar, não convides nem teus amigos, nem teus irmãos, nem parentes, nem teus vizinhos ricos, para não suceder que por sua vez eles te convidem e assim te retribuam; ao contrário, quando deres uma festa, convida os pobres, os estropiados, os coxos e os cegos. E feliz serás, por não terem com que te retribuir. Porém, te será recompensado."

As vítimas da decepção e do desengano são aquelas pessoas que sempre esperam retribuição pelo que fizeram. Aqueles que depositam suas esperanças nas outras pessoas estão semeando ilusões. Colherão desilusões.

O que Jesus quis nos ensinar é que não devemos esperar o reconhecimento dos outros, de forma alguma.

Um pai que deposita suas esperanças em um filho, que gasta tempo e dinheiro esperando o seu sucesso, visando com isso satisfazer o próprio orgulho, certamente colherá decepções quando vir o rapaz abandonar a faculdade, convencido de que não era a profissão que almejava. A decepção com o filho é resultado, antes de tudo, da própria vaidade. O pai iludia-se, projetando no filho a esperança de obter um título de doutor.

Um homem, uma mulher, que depositam total confiança um no outro, esperando a felicidade, poderão decepcionar-se quando, no decorrer dos anos, perceberem que o cônjuge não tem a personalidade, nem o caráter que esperavam; cada qual vestia o outro com um manto de fantasias.

Decepciona-se a mãe que queria que sua filha fosse modelo ao perceber, de repente, que sua menina de 14, 15, 16 anos está grávida e será mãe solteira. Depositou suas esperanças e projetou na filha aquilo que ela mesma queria ser. Apenas não esperava que a filha quisesse ser outra coisa.

Decepciona-se o pai que esperava um grande futuro para o filho e agora o vê sob o domínio das drogas ou no fundo de uma cela na prisão.

Existem pessoas que se decepcionam até com Deus, quando esperam um milagre para um ente querido que, estando muito doente, vem a falecer.

Decepcionam-se aqueles que emprestam dinheiro a uma pessoa e não são ressarcidos. Ou ainda aquele que pratica uma caridade e espera o reconhecimento do seu favorecido.

Decepciona-se aquele que realizou um serviço, não em equipe, mas sozinho, só para ouvir: "Vejam como é trabalhador! Incansável, prestativo."

A pessoa decepcionada carrega um grande sentimento de frustração. Desilude-se com as pessoas, com as instituições, com os profissionais de todas as áreas. Esta sensação torna-a desconfiada, descrente no ser humano. E assim ela pensa amargurada: "Parece que todos me deram as costas. Mal-agradecidos!" Ou, ainda: "Emprestei meu ombro para ela chorar. E o que ganhei em troca?" "Parece que todos se voltaram contra mim."

Uma coisa eu posso garantir: ninguém alcança o sucesso, a fama, sem o auxílio de algumas pessoas em algum instante da vida. Será que também não lhes viramos as costas? Para chegar aonde cheguei quantas pessoas não se sacrificaram por mim? Quantas eu decepcionei?

Já vivi tempo suficiente para perceber que o ensinamento de Jesus, quando exorta o desinteresse, não vem sendo seguido por nós

A vacina contra a decepção e o desengano chama-se desinteresse. E não a encontramos nos Postos de Saúde, nem à venda em qualquer lugar. Mas é fruto de nossa alma.

O desinteresse age dentro de nós, recomendando:

Não superdimensione a gratidão alheia; ajude, colabore, deixe passar. Às vezes não ouviremos nem um "muito obrigado". Antes, regozija-se. Pois não fez mais que a obrigação.

Não se apegue às coisas nem mesmo às pessoas. As coisas têm o valor que lhes damos; e as pessoas não nos pertencem, têm suas próprias vidas. São apenas companheiras de nossa viagem.

O desinteresse nos diz:

Auxilie, participe, coopere sem esperar reconhecimento ou recompensa.

Jesus ensina: "Que a mão esquerda não saiba o que fez a direita." Não precisamos ajudar para sermos notados e termos nossos nomes na mídia. Quem recebe elogios, agradecimentos e recompensas, não deve esperar outro galardão no plano espiritual.

Amemos sem apego, sirvamos desinteressadamente e não nos sentiremos traídos, nem desprezados.

Nossas esperanças devem ser depositadas, única e tão somente, em Deus, que tudo vê e provê.

Exige muito de ti e espera pouco dos outros. Assim, evitarás muitos aborrecimentos, diz Confúcio.

Compreendemos mal o mundo e depois dizemos que ele nos decepciona, segundo Rabindranath Tagore.

Às vezes construímos sonhos em cima de grandes pessoas... O tempo passa... E descobrimos que grandes mesmos eram os sonhos, e as pessoas, pequenas demais para torná-los reais, no dizer de Bob Marle.

Uma decepção pode diminuir o tamanho de um amor que parecia ser grande. Uma ausência pode aumentar o tamanho do amor que parecia ser ínfimo. É difícil conviver com esta elasticidade: as pessoas se agigantam e se encolhem aos nossos olhos. Nosso julgamento é feito não através de centímetros e metros, mas de ações e reações, de expectativas e frustrações, orienta a escritora Marta Medeiros.

Se agirmos desinteressadamente, amando mesmo não sendo amados, amando simplesmente por amar, e não esperarmos dos outros além do que eles podem oferecer (daquilo que têm para dar), já estaremos vacinados. Aprendemos as lições do evangelho.

Nesta vida, todos nós passaremos por situações de

desenganos e decepções. Decepcionaremos e seremos decepcionados. A maior decepção é aquela que vem de quem nunca esperamos, ou seja, quanto mais esperamos das pessoas, mais nos decepcionamos. E a dor na alma é muito grande.

Vacine-se já. Não espere do outro aquilo que ele não lhe pode oferecer. Ajude-o e deixe-o livre para continuar sua vida; você não se decepcionará, porque não esperará nada em troca. Agiu como o coração mandou, desinteressadamente.

Embora Geraldo Vandré tenha dito em sua música que "Quem sabe faz a hora, não espera acontecer", há ocasiões em que é preciso não fazer nada, esperar, refletir, para não nos revoltarmos contra as decepções, principalmente as amorosas. Infelizmente, ainda, existem aqueles que gostam de brincar com os sentimentos dos outros.

No plano material, quando emprestar algo a uma pessoa, faça-o como se estivesse doando. Se não receber de volta, paciência. Você fez uma doação. Se você emprestou, é porque podia. Emprestar para um parente quase sempre é sinal de um não retorno, principalmente dinheiro.

Vacine-se, não se decepcione. Não torne sua vida mais amarga do que já é por causa dos outros. A decepção é sua, não dele.

"As decepções sempre vêm de onde menos esperamos."

O segredo é não esperar nada dos outros. O ato de esperar sempre nos trará decepção.

Decepção ou desilusão é o sentimento de insatisfação que surge quando as expectativas sobre algo ou alguém não se concretizam. É semelhante ao arrependimento, mas difere deste na medida em que o arrependimento está focado nas escolhas pessoais que levaram a um resultado negativo, enquanto que a decepção está focada no próprio resultado e geralmente está associada à tristeza e à frustração. A intensidade da decepção é proporcional ao tempo, valor simbólico e intensidade da expectativa.

Vacine-se: não crie expectativas, não exija nada dos outros, mas, principalmente, não se decepcione com você mesmo. Exija muito de si, mas lembre-se de que você também é humano.

Para não decepcionar os outros, use a gratidão, e não seja uma pessoa interesseira.

Não espere elogios ou recompensas.

Capítulo II

Ter mais ou ser mais?

> Quem consegue encontrar alguém a quem abraçar e com quem fechar os olhos para o mundo, é uma pessoa feliz.
>
> *Patrick Rothfuss, em O nome do vento.*

Vivemos num mundo competitivo e de comparações. Hoje o "ter mais" é a meta, o ideal de muitas pessoas. O "ser mais" ficou relegado a plano inferior, porque o ser mais requer envolvimento e comprometimento. O ser mais está relacionado com o nosso mundo interior, envolve nossas emoções e nossos sentimentos; está diretamente ligado ao nosso crescimento espiritual; está voltado ao relacionamento com as pessoas, com nossas escolhas e condutas face à vida. O ser mais implica em nos amarmos mais para encontrarmos alguém a quem abraçar, e neste instante fechar os olhos para o mundo.

O mundo de hoje está cheio de pessoas famintas de amor, mas que aceitam substitutos. Abraçam coisas materiais, querem ter mais, e ficam esperando que estas coisas retribuam o abraço. Não se pode substituir o amor, ou a suavidade, ou a ternura, ou a amizade, ou o companheirismo por coisas materiais.

Dinheiro, poder e fama não substituem a ternura.

Ninguém precisa do carro de último tipo, ninguém precisa de uma casa maior, mais vistosa.

Essas coisas não trazem satisfação, alegria ou felicidade. O que nos traz felicidade é oferecer, aos outros, o que temos para dar.

O mundo está carente de pessoas com capacidade de amar e de se doar. Parece que nos ignoramos uns aos outros. Nos grandes centros vivemos no anonimato e somos conduzidos à solidão.

Existe gente solitária andando pelas ruas no meio da multidão. Sem rosto ou fisionomia conhecida. Pessoas que passam por nós, mas não fazem parte de nossa vida. Já não temos quem abraçar, muito menos abraçar, fechando os olhos numa entrega total.

Existem pessoas solitárias em hospitais que só almejam uma visita. Existem pessoas em abrigos ou asilos que só almejam uma companhia, com quem possam conversar ou mesmo desabafar. Uns só querem uma companhia para jogar baralho, dama, xadrez. Quem joga baralho com um velhinho solitário, está adquirindo um novo respeito por si mesmo. Encontrou motivação, um ideal para viver. Porque se tornou necessário para alguém.

Só o amor dá sentido à vida, o nosso rumo, o nosso prumo, o nosso norte. A busca do ideal é a busca do amor. Encontrar alguém a quem abraçar e fechar os olhos para o mundo.

O ter mais significa que corremos atrás de tudo (bens materiais) e nos convencemos de que nossas necessidades são reais, ambição inconsequente. Buscamos apenas o sucesso e o reconhecimento do poder sobre as pessoas com quem convivemos. Mundo de comparações, mundo de competições, mundo corporativo, onde somos apenas um crachá e um número a mais, que pode ser descartado a qualquer instante. Que horror! E este é o preço alto que temos que pagar pelo nosso embrutecimento: a solidão. Por termos substituído o amor, o carinho e a ternura por querer ter mais.

Viver, sendo mais, significa ser responsável pelo outro, revelar as emoções e os sentimentos. Implica em falar com os outros, sentir com os outros.

Morrie Schwartz diz para Mitch Albom, no livro *A última grande lição:* "Amem-se uns aos outros ou pereçam."

No mesmo livro encontramos a história de uma ondinha no oceano.

Uma ondinha vem saltitando no oceano. Está apreciando o vento e o ar fresco... Até que vê outras ondas, que estão se arrebentando na praia, extinguindo-se. Meu Deus, que coisa horrível, diz a ondinha. É isso que vai acontecer comigo!

Nesse momento chega outra onda. Vê a primeira, que está triste, e pergunta:

– Por que você está triste?

– Você não está entendendo – responde a ondinha. – Vamos todas arrebentar. O final está próximo! Nós todas vamos acabar em nada! Não é horrível?

Responde a outra:

– Não. Você é que não está entendendo. Você não é apenas onda, é parte do oceano.

****

Tendo mais ou sendo mais! O ter mais é pensar como a ondinha. O ser mais é pensar como uma onda madura, que não se julga no topo de nada, que não é uma onda apenas, é parte do oceano. Não compete com as outras, não se compara. Vai até a praia ou até o rochedo... Não se arrebenta, volta para o oceano da vida.

Ser mais é mais complicado e mais difícil do que ter mais.

O ter mais se esquece das lesões afetivas que impõe aos seus entes queridos.

No livro *Momentos de ouro* (Editora VEM - Emmanuel/Chico Xavier), encontramos as dificuldades do ser mais: O tipo de auxílio raramente lembrado: o respeito que devemos uns aos outros na vida. Vamos pagar muito caro pelas lesões afetivas que provocamos sobre os outros. A mensagem é muito clara: o amor, sem dúvida, é a lei da vida.

Nunca conseguiremos medir a resistência de uma pessoa abandonada, nem da qualidade da reação daqueles que têm a afeição incompreendida, quando isso acontece por nossa causa (aconselho a leitura do texto completo que trata das lesões afetivas).

O ser mais nos deixa vulneráveis e mais expostos, pois abrimos nossos corações, deixando que os bons sentimentos e as boas inovações nos envolvam no abraço, fechando os olhos para o ter, para o mundo.

De uma coisa devemos ter certeza: o ter mais não nos trará felicidade. Os bens materiais são necessários à vida. Precisamos nos alimentar, nos vestir, termos abrigo e segurança. Mas isto não implica avareza e ganância.

Envolver-se com as pessoas é ser mais. Para ser mais é preciso primeiro se amar.

Ser feliz, ter alguém a quem abraçar e fechar os olhos

para o mundo, não implica uma vida sem percalços ou mesmo sem dor; não é ter um céu azul, sem tempestades, nem caminhos sem acidentes. Ninguém tropeça em montanhas, mas em pequenas pedras, pequenos obstáculos a serem vencidos; teremos trabalho e fadiga...

Não significa que nos relacionamentos não ocorram desilusões e desencantos, principalmente quando se espera muito do outro e não se respeita suas limitações. Isto porque ama o outro não pelo que é, mas de acordo com o manto de fantasias que o vestimos... Não é viver apenas sorrindo, mas refletir nos momentos de tristezas.

Ser feliz é deixar de ser vítima dos problemas e se tornar um autor da própria história. Agradecer a Deus todas as manhãs. Ser feliz é não ter medo dos próprios sentimentos; é reconhecer que o amor sobrevive de nossa fragilidade nos momentos em que nos entregamos e nos colocamos nas mãos do outro, sem servidão humana.

Ser mais é ter maturidade para dizer "eu errei, me perdoe."

Ser mais é ter a capacidade para dizer "eu te amo", mesmo sem ser correspondido nessa afeição.

Já o ter mais é criar necessidades, quando podemos viver com tão pouco, mas essencial para nosso crescimento espiritual.

Ser mais é mais difícil, porque nos obriga a nos esforçar para impedir que a ofensa se converta em mágoa e ressentimento. Impede-nos de comprazer com a dor alheia e nos envenenar com o azedume e a cólera. Obriga-nos, a perdoar sempre.

Não somos mais um no Universo. Somos o Universo. Não fomos criados para morrer na praia ou nos rochedos que limitam o mar. Somos a imagem e semelhança de nosso Criador. Ser um no Universo é uma dádiva de Deus e viver é maravilhoso.

Ninguém está aqui e agora, reencarnado, sem uma missão definida. Estamos aqui para a nossa evolução. É preciso crescer!

A dor pode nos fazer lembrar que estamos vivos, mas o amor nos faz lembrar o porquê de viver bem, segundo Trystan Owain Hughes.

Para encerrar, transcrevo na íntegra alguns pensamentos de Lao Tsé, contidos no livro *Tao Te Ching*.

Ensina ele:

> Aquele que conhece os outros é sábio.
>
> O que conhece a si mesmo é iluminado.
>
> Aquele que vence os outros é forte.
>
> O que vence a si mesmo é poderoso.
>
> Aquele que conhece a alegria é r,ico.
>
> O que se conserva no seu caminho tem vontade.
>
> Seja humilde e permanecerás íntegro. Curva-te e permanecerás ereto. Esvazia-te e permanecerás repleto. Gosta-te e permanecerás novo.
>
> O sábio não se exibe e, por isso, brilha. Ele não se elogia e, por isso, tem mérito.
>
> E porque não está competindo, ninguém no mundo poderá competir com ele.
>
> Sejamos mais.

****

Agora, sem a permissão do autor de *Sem etiqueta... Sem preço,* finalizo este capítulo com a transcrição deste texto fantástico.

A nota é internacional e diz, mais ou menos, assim:

> Aquela poderia ser mais uma manhã como outra qualquer.
>
> Eis que o sujeito desce na estação do metrô de Nova York, vestindo jeans, camiseta e boné.
>
> Encosta-se próximo à entrada.
>
> Tira o violino da caixa e começa a tocar com entusiasmo para a multidão que passa por ali, bem na hora do rush matinal.
>
> Mesmo assim, durante 45 minutos em que tocou, foi praticamente ignorado pelos passantes.
>
> Ninguém sabia, mas o músico era Joshua Bell, um dos maiores violinistas do mundo, executando peças musicais consagradas, num instrumento raríssimo, um Stradivarius de 1713, estimado em mais de três milhões de dólares.
>
> Alguns dias antes, Bell havia tocado no Symphony Hall de Boston, onde os melhores lugares custaram o expressivo gasto de mil dólares.
>
> A experiência no metrô, gravada em vídeo, mostra homens e mulheres de andar ligeiro, copo de café na mão, celular no ouvido, crachá balançando no pescoço, indiferentes ao som do violino.
>
> A iniciativa realizada pelo jornal The Washington Post era a de lançar um debate sobre valor, contexto e arte.
>
> A conclusão é de que estamos acostumados a dar valor às coisas quando estão num contexto.

Bell, no metrô, era uma obra de arte sem moldura. Um artefato de luxo sem etiqueta e grife.

Esse é mais um exemplo daquelas tantas situações que acontecem em nossas vidas, que são únicas, singulares e que não damos importância, porque não vêm com etiqueta de preço.

Afinal, o que tem valor real para nós, independentemente de marcas, preços e grifes?

É o que o mercado diz que podemos ter, sentir, vestir ou ser?

Será que os nossos sentimentos e a nossa apreciação da beleza são manipulados pelo mercado, pela mídia e pelas instituições que detêm o poder financeiro?

Será que estamos valorizando somente aquilo que está com etiqueta de preço?

A propaganda de um cartão de crédito mostra cenas com vários produtos com preços e outras cenas de afeto, alegria e informa: isto não tem preço.

É o que precisamos aprender a valorizar. Aquilo que não tem preço, porque não se compra.

Não se compra amizade, amor, afeição; não se compra carinho, dedicação, abraços, beijos.

Não se compra raio de sol, nem gotas de chuva.

A canção do vento que sibila pelo tronco oco de uma árvore é grátis.

A criança que corre espontânea ao nosso encontro e se pendura em nosso pescoço, não tem preço.

O colar que ela faz, contornando-nos o pescoço com os braços, não está à venda em nenhuma joalheria. E o calor que transmite dura o quanto durar a nossa lembrança.

O ar que se respira, a brisa que embaraça nossos cabelos, o verde das árvores e o colorido das flores, tudo nos é dado por Deus, gratuitamente.

Pensemos nisso e aproveitemos mais tudo o que está ao nosso alcance, sem preço, sem patente, sem etiqueta de grife.

Usufruímos dos sentimentos de ternura que os amores nos afetam, intensamente, entendendo que sempre a manifestação de afeto é única, extraordinária, especial.

Fiquemos mais atentos ao que nos cerca, gratos pelo que nos é ofertado e sejamos felizes desde hoje, enquanto o dia nos sorri e o sol ilumina nosso coração.

Capítulo III

Contentamento

A vontade de Deus nunca irá levá-lo aonde
a graça de Deus não irá protegê-lo.
Autor desconhecido

O contentamento como experiência espiritual é um valor que não tem preço. Dá prazer à alma, e a alma retribui com a alegria de viver.

Algumas pessoas, infelizmente, têm uma visão distorcida do contentamento, da alegria. Ser contente, ser alegre, necessariamente, não significa andar com um sorriso estampado no rosto. Os antigos diziam que muito riso é sinal de pouco siso (razão).

O contentamento não é encontrado em festas, bebidas, drogas, prazeres. O contentamento é a retribuição de nossa alma, em face da alegria de viver. Estar encarnado, ser filho de Deus é a bênção maior, e viver é maravilhoso. A verdadeira alegria só nos vem da nossa entrega nas mãos do Pai, que tudo vê, provê e socorre.

A falta de alegria, a tristeza, deve-se à falta de fé, à confiança irrestrita no poder de Deus. Muitas vezes queremos resolver nossos problemas sozinhos. Se não confiarmos em Deus, vamos confiar em quem? Resolver do nosso jeito e da nossa maneira? Por que então orar "seja feita a Vossa Vontade, assim na Terra como em todo o Universo"?

A expressão "Aleluia!" tem procedência judaica (*hallelu-yah*) e significa louvar com júbilo ao Senhor. O verdadeiro canto de ação de graças. É um convite à exaltação da alegria, do contentamento.

O contentamento espontâneo realça a beleza e naturalidade dos seres humanos. O contentamento encontra-se no silêncio e no prazer da alma.

Vejam a exaltação de alegria de um cão, quando seu dono regressa de uma viagem, ou quando levanta pela manhã: o abanar do rabo, os saltos que dá, a alegria estampada em seus olhos.

Assim devíamos proceder para a exaltação de nosso Pai. Um animal, que dizemos ser irracional, é mais grato ao seu dono do que nós, racionais, em relação a Deus. É o sentimento de gratidão pela vida e pela graça que dá à alma a possibilidade do contentamento.

A alegria se inicia quando somos responsáveis e livres para sermos nós mesmos. Quando tomamos o leme de nossas vidas e deixamos de ser escravos de algo ou de alguém. Não somos propriedade de ninguém. Não precisamos usar máscaras; devemos ser autênticos. É essa liberdade, consciente e sensata, de ser, pensar, sentir e agir por nós mesmos.

Trabalhar por prazer, por autorrealização, com amor e não apenas para cumprir obrigações e horários ou porque alguém mandou fazer. Autoestima e iniciativa são tão necessárias ao contentamento! Estou contente porque ajudo a mudar a face do mundo. Que triste é ver pessoas que trabalham apenas e tão somente pelo salário no fim do mês. Seu envolvimento e seu compromisso são apenas com o banco.

Repito que o grau de contentamento de uma pessoa é proporcional ao grau de liberdade que ela possui. Quem não é livre, é submisso, vive uma vida covarde, com o medo que paralisa seus pensamentos, suas palavras e suas ações. Vive uma vida de ansiedade, sofrendo por antecipação. Não lhe basta o fardo de hoje; quer carregar um fardo de todo seu passado.

Viver com mágoa, ressentimentos, amarguras, é se afastar das alegrias que a alma pode nos dar. Rubem Alves diz que "o nosso mundo se expande e ficamos mais ricos interiormente quando sentimos alegria em proporcionar mais alegria aos outros, que é a razão por que vivemos."

Diante dos problemas que a vida nos reserva para nosso crescimento espiritual, esquecemos que:

conhecimentos e sabedoria são meios e razões para viver;

devemos exercitar a bondade e aprender o sentido da compaixão;

problemas com soluções deixam de ser problemas. São exercícios para nosso conhecimento. E sabedoria para nossa evolução;

que a vontade de Deus nunca nos levará aonde Sua graça não possa nos amparar.

Conhecemos a história de um menino e uma menina (irmãos) que foram passar as férias na fazenda da avó. Menina da cidade convivendo com os meninos do interior. Descalços, estilingue pendurado no pescoço. Hábitos, costumes diferentes. E por mais que ensinassem a ele, o menino da cidade não conseguia usar o estilingue (atiradeira de pedra). Os garotos da fazenda saíam para caçar e dificilmente erravam o alvo. O pobre menino da cidade nada conseguia.

Certa feita ele e a irmã estavam no quintal. O menino, de forma aleatória, sem vontade, atirou uma pedra e sem querer matou o pato de estimação de sua avó. E agora? O que fazer? Escondeu o pato em qualquer lugar. Só havia uma testemunha: sua irmã.

À noite, após o jantar, a avó chamou a menina para ajudá-la a lavar os pratos. Astutamente, ela iniciou uma chantagem com o irmão, em virtude do medo que ele demonstrava, e disse à avó:

- Hoje meu irmão está com muita vontade de ajudar a senhora, vovó - e voltando-se para o irmão: - Não é mesmo, maninho?

Assim, ele foi ajudar a avó nos afazeres da casa. Estas cenas se repetiram várias vezes, e o garoto andava triste pela casa, acabrunhado. Até que um dia resolveu libertar-se da tirania da irmã e contar tudo para a avó. Livrou-se do medo, tomou coragem e contou tudo à avó. Ela simplesmente o abraçou e lhe disse:

- Eu estava na janela e vi o que você fez. E já o havia perdoado, só aguardava o momento em que você se libertaria do medo que o tiranizava. Seja bem-vindo à vida e ao contentamento.

Assim deveria ser nosso contentamento frente a Deus, que tudo vê, tudo provê.

O dr. Juan Hitzig, um biogeriatra, escreveu um "Alfabeto emocional", que possui apenas quatro letras: S, R, A, D. Ele nos diz que cada pensamento gera uma emoção, e que cada emoção mobiliza um circuito hormonal que dá impacto nos 5 bilhões de células do organismo.

As condutas "**S**" - serenidade, silêncio, sabedoria, sabor, sexo, sono, sorriso promovem a secreção de **S**erotonina, que retarda o envelhecimento. Essas condutas geram atitudes "**A**" - ânimo, amor, apreço, amizade, aproximação. Sentido para a vida.

As condutas "**R**" - ressentimento, raiva, rancor, reprovação, repressão, resistência, facilitam a secreção de co**R**tisol - que acelera o envelhecimento. Essas condutas geram Atitudes "**D**" - depressão, desânimo, descrença, desespero, desolação, destruição da vida.

Ele recomenda que sejamos bem-humorados, pois que essa é a chave para uma longevidade saudável.

A história do pato se repete: bem-vindo à vida, bem-vindo ao contentamento. Desejo muitos "**Ss**" e muitos "**As**" para todos vocês. Xô! Condutas "**R**" e atitudes "**D**".

O que o médico nos propõe - e o espiritismo já nos ensina há muito tempo - é o seguinte:

Não tema a ninguém, para que não fique refém do medo. Temer significa falta de fé. Damos um atestado de fraqueza a quem quer nos intimidar. O único mal que existe pode estar dentro de nós mesmos.

Não sinta culpa, pois ela fecha o caminho para a prosperidade. Os invejosos usam esse recurso (sinta culpa) para nos imobilizar diante da vida.

Mantenha a calma em todas as ocasiões. Com nervosismo não conseguimos enfrentar nenhuma situação de desconforto, tomamos decisões erradas por precipitação.

Ouça a voz de sua alma e adiante-se contra tudo o que vier influenciar negativamente. Acredite na sua intuição. Sua força interior é a sua melhor arma. Adiantar-se significa colocar-se acima, para combater o mal com o bem.

Fuja das conversas negativas e das fofocas. Fuja dos ambientes negativos. Faça boa leitura, bons programas, boas amizades.

Ame sem exigir nada dos outros. O amor pressupõe os riscos de decepção, mesmo assim não fique na defensiva, continue amando sempre.

Ter nascido é uma bênção; viver é maravilhoso. Não ande de cabeça baixa, triste, pelo mundo. Lembre-se mais uma vez: "A vontade de Deus nunca irá levá-lo aonde sua graça não irá protegê-lo."

"Precisamos de limites e fronteiras, mas não de muros. Muros significam divisões, separação, enquanto limites significam respeito."

Limites e fronteiras demarcam os lugares mais belos, separando o oceano do litoral, as montanhas das planícies, um cânion de um rio.

Muros nos separam dos outros, pois criam barreiras, às vezes, intransponíveis.

Limites nos aproximam. São linhas, apenas, que nos ditam o respeito que devemos ter uns para com os outros.

A serenidade é limite. O nervosismo é muro.

O contentamento é limite. A tristeza é muro.

Que todos tenham a vida em plenitude, mesmo com todos os percalços que ela nos apresentar.

Não basta tomar a cruz todos os dias; é preciso carregá-la, apesar de tudo, com alegria.

Vontade de Deus, graça de Deus.

"Fico com a pureza das respostas das crianças: é bonita, é bonita e é bonita. Viver e não ter a vergonha de ser feliz" - cantou Gonzaguinha.

No filme "Quando falam os anjos", há um momento em que Mad diz a James: "Não se lamente. Lamentar é sentir remorso pelo que não fizemos."

Busque o contentamento!

Capítulo IV

O sentido de justiça

> Não vim revogar a lei, mas vim para que ela se cumpra.
>
> *Jesus - Mateus 5:17-20*

No mundo civilizado, o que rege o comportamento humano é sua relação com seus semelhantes, além da educação e urbanidade. É o cumprimento da lei.

A justiça só pode ser exercida se houver leis que busquem diminuir os conflitos de interesse entre as pessoas.

As leis são decorrentes dos direitos naturais e inalienáveis, de cada um de nós, como filhos de Deus.

Aos homens não é dado o direito de exercer a justiça ao seu bel-prazer ou por suas próprias mãos. Cada país, cada povo, cada região possui suas leis próprias, cuja autonomia e sabedoria devem ser respeitadas.

Claro que as leis contidas nos códigos são decorrentes das normas morais e sociais de convivência entre as pessoas. O que é moral para um povo, pode ser imoral ou amoral para outro.

Tudo o que a lei protege em defesa do ser humano, como a vida, o patrimônio, os costumes, transforma-se num bem jurídico. Violar um desses bens é uma transgressão da lei e, portanto, um crime.

Em quase todo o mundo os Dez Mandamentos estão embutidos nas leis, pois são leis naturais e transcendentais.

Os Dez Mandamentos ditados a Moisés se encontram no Velho Testamento (*Êxodo*, de 20 a 35, e *Levítico*). Leis duríssimas com penas e castigos na base do olho por olho, dente por dente. Praticamente estipulavam o exercício da vingança.

Jesus nasceu numa época em que seu povo se achava dominado pelos romanos. Um povo vivendo sob a égide de duas leis: uma em acordo com o Antigo Testamento, e a outra, de acordo com as leis romanas. O povo estava obrigado a pagar dois impostos: um para o Templo de Salomão e outro para César. Daí o ódio que os judeus sentiam pelos seus compatriotas, *publicanos*, que coletavam impostos para Roma. Jesus cresceu e viveu de acordo com as leis ensinadas nas sinagogas e em sua casa.

Quando na vida pública, Jesus humanizou a Lei Mosaica, dando uma nova visão dessa lei, sem revogá-la. Jesus não ignorava as leis, não tripudiava sobre elas. Nem tampouco as tornava sem efeito, substituindo por outras, mesmo porque não era um legislador. Ele considerava as leis. E não pensava como muitos: "A lei, ora a lei!"

Por dar uma nova interpretação aos textos, Jesus foi criticado e julgado pelos *fariseus* e *saduceus*, que eram os "doutores da Lei". Numa única autodefesa, disse: "Não vim revogar a lei, mas cumpri-la." - Sermão do Monte, Mateus 5:17-20.

E ainda:

"Não julgueis que vim ab-rogar a lei ou os profetas, mas cumprir. Porque, em verdade vos digo, ainda que passem o céu e a terra, não passará um jota ou um ápice da lei sem que tudo tenha se cumprido. Quem, pois, transgredir um só desses mandamentos, por menor que seja, e ensinar os homens a fazer o mesmo, será tido como o menor no Reino dos Céus; porém, o que os cumprir e ensinar, este será tido como grande no Reino dos Céus. Por que vos digo: se a vossa justiça não superar a dos escribas e fariseus, não entrareis no Reino dos Céus."

Criticar e acusar Jesus de ab-rogar os mandamentos era uma forma de vingança dos doutores da lei. Jesus os chamava de raça de víboras, sepulcros caiados, geração adúltera, porque eram falsos moralistas que pregavam a verdade, mas não eram capazes de vivenciá-las e cumpri-las. Eles próprios eram os negadores da lei, ou seja, "façam o que mando, mas não façam o que faço". Fácil era exigir dos outros o cumprimento da lei. Pregavam, mas não viviam o que pregavam. E, até nos dias de hoje, encontramos doutores da lei e fariseus entre nós, mesmo na casa espírita.

Jesus ainda advertia: "Cuidado com o fermento dos fariseus."

Vejamos algumas das acusações que estes dirigiam ao mestre:

Jesus e seus seguidores, apóstolos e discípulos, não guardavam o sábado. Jesus lhes ensinava que o sábado fora feito para os homens.

Jesus e seus seguidores não faziam higienização, pois comiam sem lavar as mãos. O mestre, não obstante, redarguia ensinando: "O que faz mal ao homem não é o que entra pela boca e sim o que sai dela".

Jesus chamava Javé (Deus para os hebreus) de Pai, o que para os israelitas era uma afronta, porque o nome de Deus era impronunciável e não devia ser falado em vão. Jesus, no entanto, lhes apresentava o Criador como um Pai misericordioso, diferente daquele do Antigo Testamento, rancoroso e vingativo.

Jesus confundia os orgulhosos com suas palavras de profunda sabedoria, como: "Por que observas o argueiro no olho de teu irmão e não vês o cisco no próprio olho?". O mestre demonstrava, desta forma, que é muito fácil julgar e criticar o comportamento dos outros, ignorando as próprias faltas.

"Procurai acima de tudo o Reino dos Céus, e o resto virá por acréscimo. Não vos preocupeis com o que haveis de comer e beber. Observe as aves do céu. Não semeiam, não ceifam. E ainda assim o Criador lhes dá de comer".

"Acautelai-vos dos falsos profetas, que se travestem de ovelhas, mas que, sob essa pele, revelam-se lobos vorazes". "Nem todos que dizem 'Senhor, Senhor' entrarão no Reino dos Céus, mas, sim, aqueles que fazem a vontade do Pai." Ensinava, assim, que as preces mais agradáveis a Deus eram as preces das boas obras, saídas do coração saturadas de humildade e pureza.

No século XIX, com a codificação espírita, esses ensinamentos foram desdobrados à luz da reencarnação, das existências sucessivas, da existência das "muitas moradas na Casa do Pai", que incluem a vida espiritual. Conhecimentos que, em vez de contestar, vieram corroborar a doutrina do Cristo, restabelecendo o verdadeiro sentido das suas palavras, que, ao longo dos séculos haviam sofrido mutilações, interpolações e erros de origem puramente humanos.

A lei é o amor, pois, quem ama, cumpre os Dez Mandamentos: Louva a Deus, não mata, não rouba a ninguém, não inveja, trabalha pelo seu pão, não deseja nada do próximo a não ser o seu bem.

Daí surgiu a Lei Maior: "Faz aos outros aquilo que queres que te façam." (Jesus - Mateus). Pelo Antigo Testamento, a lei recomendava amar ao próximo e odiar o inimigo. O inimigo podia ser qualquer um, mas, para os judeus, esse inimigo estava representado principalmente nos romanos.

Jesus aconselhava que fizéssemos paz enquanto estivéssemos a caminho com o inimigo. "Orai por eles, não resistais ao maligno. Se teu irmão tem algo contra ti, vai e reconcilia-te com ele."

Jesus ainda deixava os fariseus em situação difícil junto ao povo, pois:

Ensinava que "a tua mão esquerda não saiba o que faz a direita". Era comum tocarem a trombeta quando faziam alguma caridade. Com isso, quis dizer que não devemos fazer a caridade por ostentação ou esperando reconhecimento.

Condenava os maus pensamentos. "Quem olhasse para uma mulher com desejo, já havia cometido adultério".

Ensinou a não fazermos juramentos falsos, e que "o nosso falar fosse sim, sim; não, não."

O mestre sabia que sem lei os homens não poderiam

viver em harmonia. Sabia que sempre haveria conflitos de interesse e que o homem não poderia tomar as leis em suas mãos. Mesmo nos dias de hoje, uma simples lei de trânsito facilita a vida de uma comunidade, pedestres e motoristas. São simples símbolos, códigos, sinalizações verticais e horizontais, mas ajudam o nosso trafegar no dia a dia. Mesmo assim, notamos tantas contravenções no trânsito, desrespeito total às leis. Nossas leis são ab-rogadas e mesmo revogadas, rasgadas todos os dias. Os mais diversos crimes são cometidos.

Há ainda os que zombam delas: "A lei? Ora a lei!" E praticam benesses da lei para os amigos e os rigores da lei para os inimigos.

Os direitos não são respeitados, mas todos nós queremos ter direitos e esquecemos que cada direito corresponde a um dever. Muitas vezes a justiça não é feita. Justiça tardia não é justiça. Ab-rogar ou revogar a lei é o que estamos vendo diariamente no mundo e, em especial, em nosso país.

Parece que no mundo de hoje existem mais seguidores de Pilatos do que de Jesus. Todos nós, ao que parece, estamos lavando as mãos, pela indiferença da justiça, se há culpa ou inocência. É assim que a impunidade se faz presente: o problema não é nosso.

Mas como fica a Lei Maior? A Lei do Amor?

Capítulo V

Colocando um ponto final

Você vive hoje uma vida que gostaria de
viver por toda a eternidade?
F. Nietzsche

No livro do Eclesiastes, *O pregador*, há uma verdade universal que diz: "Há um tempo para tudo. Tempo para arar, semear, colher. Tempo para sorrir, para chorar."

Tudo passa. Um dia sucede o outro. Não há nada de novo sob o firmamento.

Se esta é uma verdade, por que insisto em manter projetos e relações pessoais sem futuro? Por que mantenho relacionamentos conflituosos, dolorosos, problemáticos, que interferem negativamente em minha vida? Por que insisto em remoer coisas do passado? Por que vamos carregando vida afora essa insatisfação dolorida e sem explicação? Que peso é esse que carregamos em nosso interior?

Pelo livre-arbítrio, sabemos que a vida é o resultado de nossas próprias escolhas, mas não queremos ser responsáveis por elas.

Para se viver em plenitude há de se entender que tudo passa e que é preciso colocar um ponto final em cada etapa de nossas vidas. Jesus nos disse que a sua vinda foi para que tivéssemos vida em plenitude, em abundância.

Nietzsche, o filósofo alemão, perguntou: *Você vive hoje uma vida que gostaria de viver por toda a eternidade?* Responda a você mesmo, com franqueza. Penso que muitos de nós responderíamos que não. Não é essa a vida que quero viver para sempre.

Que tal se começássemos a buscar esta vida agora, jogando fora o supérfluo, o desnecessário, o indesejável?

Que tal buscarmos a verdade que liberta e cura, combatendo, desde já, a ignorância, a superstição, o fanatismo, o preconceito e a intolerância que habitam em nós?

Que tal buscarmos a eterna idade, a vida terna, a idade da ternura, a eternidade?

Mas para isso é preciso aprender uma lição importante: "O bem não pode começar enquanto o mal não termine."

Assim, é preciso colocar um ponto final naquilo que já passou. Quando faço isso, abro espaço para novas oportunidades. As perguntas do início seriam desnecessárias se já tivéssemos colocado um ponto final logo no início, quando a etapa de nossa vida acabou.

Se não concluímos ou terminamos as tarefas, as metas, etapas, deixamos que o passado continue conosco, no presente, embotando o nosso futuro. Coloquemos um ponto final para que possamos evoluir. Tudo passa.

O pior é que, se não agirmos assim, continuaremos uma vida de mentiras, num ambiente falso, frágil e desanimador. Repetiremos continuadamente os mesmos erros.

A questão pessoal é: "Qual o momento certo em que devo colocar o ponto final em um negócio, em um emprego, em uma relação pessoal conflituosa? Quando devo encerrar algo que me toma tempo e energia?"

Cada um de nós saberá a resposta no tempo certo. Nós podemos passar muito tempo de nossas vidas dando voltas ao passado, tentando modificá-lo, reconstruí-lo ou revivê-lo. Tudo isso já passou. Perda de tempo agora e da construção de um futuro melhor.

Muitos dizem "isso é seu *carma*" e se esquecem do livre-arbítrio. Por sinal o conceito de *kharma*, dos hinduístas, não é o mesmo que se tem na lei de causa e efeito, na doutrina codificada por Allan Kardec. Quem insiste em permanecer atado ao passado não vive o presente e não constrói o futuro. Depois do tempo necessário de maturação, perdemos o sentido da vida. Como se diz, popularmente: "Vamos empurrando com a barriga."

O divórcio já está incorporado no Código Civil Brasileiro e disseminado na sociedade, mas insistimos em manter contatos, em marcar presença. Liberte-se, liberte-o, liberte-a, assim está escrito: Liberta-o e deixe-o ir. Terminou um trabalho, uma relação de amizade, de amor não correspondido? Mudou-se? Abra uma nova página após colocar o ponto final.

Viver no presente, sentindo falta do passado, ou nos culpando por erros cometidos é desesperador. Crie coragem, coloque um ponto final!

Não podemos andar pela vida deixando coisas inacabadas, portas abertas. Viremos a página, definitivamente.

Já não nos encaixamos naquele emprego, naquela

vida, naquele lugar, naquele cargo? Só nós é que não percebemos. Os garotos de hoje dizem: "A fila anda."

Lembremo-nos novamente da lição: "O bem não começa enquanto o mal não se acaba."

Finais são necessários. Não fazem apenas parte de nossas vidas; são fundamentais para nossa evolução.

Vamos rever relações que precisam ser reduzidas, reexaminadas ou encerradas definitivamente com naturalidade, sem guardar mágoas ou ressentimentos. Lembremo-nos das estações da Natureza e da vida. Há um tempo para tudo. Tudo passa: primavera, verão, outono e inverno. Termina um; começa outro.

Sabe por que não gostamos de colocar um ponto final? Porque tememos o desconhecido, o confronto ou o medo de ferir, de prejudicar alguém. E tememos a sensação de perda, de insegurança. São esses temores que nos paralisam.

Queremos sair da infância para sermos adolescentes, mas não queremos ser adultos. Sejamos adultos! Cada etapa da vida tem que ser vencida. Se quisermos viver bastante, temos que ser velhos ou idosos. Não há alternativas. É preciso crescer. Os finais são soluções, e não problemas. Tudo consiste em aceitar os ciclos da vida e perceber quando cada etapa termina.

Agora precisamos entender o sentido da poda, a de reduzir aquilo que está prejudicando o desenvolvimento da planta. Coisas indesejáveis, desnecessárias e supérfluas na planta:

- brotos ou galhos que não são os melhores;
- galhos doentes, que sugam a planta e que não vão desenvolver;

– galhos que ocupam espaço e não permitem que os saudáveis cresçam.

A poda é um final necessário. Pode ferir, mas não prejudica a planta. O ferimento nos faz crescer.

Com isso, não estou dizendo que as pessoas colocadas em nossas vidas devem ser podadas, jogadas fora, castradas, principalmente as que não sobreviveriam sozinhas, pois dependem de nós. Não estão em nós, mas no nosso entorno. Parece contraditório, mas não é.

Danoso é prejudicar alguém. O dentista que trata um dente inflamado e que está doendo, pode nos provocar dor, mas nos ajuda. Não nos prejudica.

Colocar um ponto final não significa abandonar. Significa não viver preso ao passado. Finais são soluções, e não problemas. Quando um ente querido passa para o plano espiritual não devemos prendê-lo com nossos pesares. O choro é fundamental, é humano, mas tudo passa. Liberta-o e deixa-o partir. Ponto final. Só levaremos para a eternidade a idade eterna, aquilo que a nossa alma possui. Só isso nos pertence, tudo imaterial, aprendizado para a nossa evolução.

Capítulo VI

Abrindo as portas da mente

> O tempo cura a maioria das feridas; as demais ficam escondidas, trancadas atrás dessa porta, e só o perdão pode nos libertar.
>
> *Autor desconhecido*

Quando somos convidados a refletir sobre as escolhas que fazemos e a maneira imprevisível como elas afetam a nossa vida, precisamos abrir as portas da mente. Só assim podemos examinar realmente quem somos e abraçar as escolhas que deram rumo e sentido às nossas vidas.

Não basta saber que a vida é resultado de nossas opções. É bom que saibamos que essas decisões tomadas terão que ser vividas, querendo ou não. Uma escolha errada trará suas consequências. E, muitas vezes, não haverá mais possibilidades de retorno.

Ansiedade, impaciência são inimigas das decisões mais acertadas e geram os maiores desentendimentos. Levam a nossa mente a divagar, e viajamos com ideias e pensamentos falsos, armadilhas, por nos sentirmos sozinhos, desamparados.

Muitas vezes a escolha errada nos leva a machucar a alma do outro. Nem sempre as pessoas magoam outras de propósito. Não fazem por mal, simplesmente não sabem agir de outra forma. Somos traídos pela nossa mente, que mente. Traídos por nossos pensamentos. A mente nos engana, é mentirosa quando não estamos vigilantes.

Esta é *a primeira porta* que devemos abrir para a vida. A porta da imaginação que se esconde nas coisas mais simples. A maioria de nós está ocupada demais perseguindo o sucesso, sem se preocupar com o alto preço que teremos de pagar por escolhas que sacrificam os nossos relacionamentos, as pessoas que amamos e aquilo que realmente importa em nome das ilusões. Vamos, dia a dia, danificando o essencial; a nossa alma e a das pessoas ao nosso redor. Esquecemos que "o amor é paciente, tudo espera". (Carta de Paulo aos coríntios 13:13)

Como viajamos com pensamentos falsos e não nos permitimos conhecer a verdade do outro, acabamos ferindo as pessoas que amamos. Difícil é distinguir a verdade da realidade.

Duas pessoas numa mesma situação, "viajando" com pensamentos falsos, têm aquilo como uma realidade, mas cada qual acha que está com a verdade, dentro da realidade que está vivendo. A mente está pregando peças.

Ao abrirmos a *porta da imaginação*, ela nos leva a lugares incertos e não conhecidos. É a imaginação que nos faz descobrir e experimentar as sensações mais diversas. Através da imaginação podemos viver momentos de alegria ou tristeza. Divagamos sobre tudo e qualquer situação.

As pessoas têm a imaginação fértil demais. Muitas vezes elas veem coisas que ninguém vê. Um homem que dê uma carona a uma mulher, por exemplo, por caridade ou por amizade, já está adulterando. Daí vem fofoca, vem discórdia.

De todas as portas da mente, talvez esta seja a mais perigosa. Conduz-nos por caminhos tortuosos. É preciso pôr os pés no chão. A imaginação destrói muitos relacionamentos, afetivos ou não. Por isso, é preciso cuidado ao abrirmos essa porta.

Cuidado com a impaciência e ansiedade. No dia seguinte podemos descobrir que tudo foi imaginação nossa, foi tudo um mal-entendido, nada aconteceu de fato. Nossas atitudes foram tomadas segundo a nossa imaginação, e isso é perigoso. Muitas decisões e escolhas, às vezes, acontecem por si mesmas. O fato de não decidir e escolher já é uma decisão e uma escolha. Tenha certeza de que isto interferirá em sua vida e na vida das pessoas que partilham do seu universo.

A *segunda porta* é a *porta da razão*, do raciocínio, que nos conduz a caminhos mais acertados. Precisamos ficar atentos, pois, o ser humano não é só razão; é também coração (emoção e sentimentos). Essa porta é nosso anteparo para os estragos que uma imaginação equivocada pode produzir.

A *terceira porta* é a porta da *consciência moral*, que nos dita o que é certo ou errado em tudo o que pensamos, falamos ou agimos. As prisões estão cheias de pessoas que se julgam inocentes. Esta porta é nosso guia e fiscal. A cada noite devemos fazer um balanço de como nos conduzimos durante o dia. Concluiremos que tudo vem de Deus. Só assim poderemos corrigir nossos erros de percurso e continuar a caminhada.

A *quarta porta* é a porta da *força de vontade*. Ainda que tenhamos boa imaginação, bom raciocínio, que trilhemos o caminho do bem, se não tivermos força de vontade não vamos a lugar algum. Apresento um exemplo simples:

Imagine um bolo (não um bolo qualquer, mas "o bolo"). Você tem todos os ingredientes para fazê-lo.

Colocou seu raciocínio para funcionar: calculou peso, quantidade, calor, tempo de espera.

Mas, sem a força de vontade, o seu bolo ficará apenas na imaginação e no raciocínio. É ela que nos faz agir. Você já viu alguém conquistar alguma coisa sem esforço?

Todos os vencedores têm 1% de inspiração e 99% de transpiração. Trabalho incansável e determinação. Até para ganhar na loteria é preciso jogar.

A vida adora os desafiadores, os que não param para se lamentar. A vida quer ser desafiada e presenteia os ousados. As pessoas com força de vontade, de boa vontade, são bem-aventuradas.

Desafie o dia, desafie a vida. Acredite no seu potencial. Se você quer amor, respeito, admiração: ame, respeite, admire. Aspire ao sucesso. Trabalhe acreditando que tudo é possível.

Seja imaginativo, raciocine, tenha firmeza moral, mas, acima de tudo, tenha força de vontade, boa vontade. Isso é fé, é ousadia. É tempo de crescer.

Nunca nos esqueçamos de Deus. Vamos colocá-Lo em nossa vida. Ansiedade e impaciência são péssimas conselheiras. Coloquemos nossas preocupações, temores, metas, objetivos, sonhos, nossa família, nossos relacionamentos nas mãos de Deus.

Uma bola de basquete em minhas mãos vale uns 50 reais. Nas mãos do Michael Jordan a mesma bola custaria 5 mil dólares.

Dois peixes e cinco pães em minhas mãos serviriam para um pequeno lanche. Já nas mãos de Jesus...

Coloquemos a nossa mente a serviço de Deus. Em Suas mãos ela não mentirá.

Agora quero lhes contar um segredo. A maior faculdade que nossa mente possui é a capacidade de lidar com a dor. Para o alívio da dor, dentro de nossas necessidades, precisamos abrir mais portas.

A primeira porta da dor é a porta do sono. O sono nos oferece uma retirada temporária do mundo e de todo o sofrimento que há nele. Marca a passagem do tempo nos dando um distanciamento das coisas que nos magoaram e nos feriram. É uma das maneiras da mente nos proteger da dor. Nada igual a uma noite bem dormida. Dormir bem, com a graça de Deus, é um santo remédio.

A segunda porta da dor é a porta do esquecimento. Algumas feridas são profundas demais para cicatrizarem depressa. Além disso, muitas lembranças são simplesmente doloridas e não há cura alguma para realizar. Só Deus ou a espiritualidade superior podem resolver o problema, desde que haja perdão. E perdão não é esquecimento. É outra porta, mais além.

Diz um provérbio: "O tempo cura a maioria das feridas; as demais ficam escondidas, trancadas atrás dessa porta, e só o perdão pode nos libertar".

A terceira porta da dor é a porta da loucura. Há certo momento em que a mente de algumas pessoas recebe um golpe tão violento, uma dor dilacerante que se esconde atrás da insanidade. Ainda que isso não pareça benéfico, é. Há ocasiões em que a realidade não é nada além da dor, e, para fugir dessa dor, a mente precisa deixá-la para trás.

Quando digo porta da loucura, da insanidade, não

estou falando da demência ou mal de Alzheimer. Falo sobre as fugas da realidade, como a síndrome do pânico, não simplesmente do medo. Falo do *borderline*, do depressivo ou do bipolar. Outras doenças mentais e outras doenças da alma podem ter sido programadas espiritualmente como forma de prisão.

É caso para um estudo mais aprofundado à luz da doutrina espírita.

Falo de uma quarta porta da dor, a mais difícil de abordarmos: a porta da morte. Muitos se suicidam para se livrarem da dor e abrem essa porta. É o último recurso dos desesperados, que não entendem que a vida continua. E continua com tudo o que carregamos. Até essa experiência de desespero.

Para essas pessoas que não acreditam em reencarnação, a morte também é uma solução para a dor que sentem. Porém, a morte não existe.[1] A dor é mecanismo de redenção. A espiritualidade superior, nos casos de dores espirituais, é fundamental, mas não esqueçamos a medicina. Os médicos ajudam a combater a dor. Não basta dormir, não basta esquecer, nem se tornar insano, muito menos abrir a porta da desesperança. A mente pode mentir, mas é preciso que tomemos a nossa cruz. E tomemos consciência de que a cada dia basta a sua carga.

---

1. Fragmentos retirados do livro *O nome do vento*, de Patrick Rothfuss, e por mim reorganizados à luz da doutrina redentora codificada por Allan Kardec.

Capítulo VII

Combatendo a preocupação

As aves não se preocupam, mas Deus cuida delas.
Jesus – Mateus 6:26

A grande maioria das pessoas tem a tendência de pensar o pior e de esperar o pior. Gostamos de nos adiantar ao que está para acontecer. Isso se chama preocupação. E é a causa de nossas ansiedades.

Entramos em pânico por causa de simples rumores ou boatos, vozes nada confiáveis e de fontes incertas. Basta alguém falar que haverá corte de funcionários, na empresa em que trabalhamos, para nos preocuparmos e nos tornarmos ansiosos. Serei eu o demitido?

Mas logo agora que minha mulher está grávida! Logo agora que fiz um empréstimo no banco! Não conseguimos dormir à noite, porque pensamos o pior. E já nos preparamos para a notícia. No dia seguinte nada acontece. A empresa continua trabalhando da mesma maneira, mas com uma única diferença: há vários trabalhadores sonolentos e cansados, por não terem dormido à noite.

O pior é quando ficamos preocupados mesmo quando não há nada com o que se preocupar. Está tudo muito calmo, nenhuma tempestade à vista, reina paz e harmonia. Mas ficamos convencidos de que algo de ruim está para acontecer. Não é possível esta calma! Algo de grave está por vir. Aí desencadeia em nós a preocupação só por isso: porque está tudo bem.

Preocupar-se significa sufocar, estrangular, viver na ansiedade, da espera pelo pior.

Quando falamos a uma pessoa que nós estamos preocupados com ela, estamos afirmando que estamos esperando que coisas ruins aconteçam com ela.

A preocupação sufoca ou estrangula nossa produtividade e nossa alegria de viver. Ela é autodestrutiva. E o pior: perda de tempo.

No Sermão do Monte, Jesus nos apresentou algumas razões para não nos preocuparmos e ofereceu alguns segredos para combatermos a preocupação:

1ª razão e segredo – É inútil nos preocuparmos com o que não podemos mudar. Ficar pensando só faz com que o nosso problema se torne maior e mais sufocante, pois isso o amplia de forma irracional, fora de proporção.

É inútil. Porque não posso mudar o rumo dos acontecimentos. O que tiver que acontecer, acontecerá. Queira ou não.

É tolice. Porque se posso mudar alguma coisa tenho que me ocupar dela no momento exato. Ocupei-me porque estava em minhas mãos o controle da situação. Preocupar-me é ocupar-me antes de o fato acontecer. Diferente de uma situação em que me adianto a ela para evitar que aconteça.

Façamos uma analogia. Os pais percebem que as notas escolares de seu filho estão baixas. Algo precisa ser feito antes que ele seja reprovado no final do ano letivo. De nada adianta preocupar-se. Vamos nos ocupar, pois falta um semestre para terminar o ano letivo. Programação não é preocupação; é uma tomada de decisão ao longo do tempo.

Análise das causas, problemas a serem solucionados. Nada deve ser preocupante.

Por isso a preocupação é irracional.

"Não se preocupem com as roupas que vestirão. A vida é mais do que aquilo que vestimos." (Jesus - Mateus 6:25).

Usemos a razão.

2ª razão e segredo - A preocupação não nasceu com a gente. No decorrer de nossa vida aprendemos a dar respostas diante das ocorrências que ela nos reserva.

Mas ainda bem que podemos desaprender a dar essas respostas. Em a Natureza, na Criação Divina, a única espécie que se preocupa é o ser humano, porque não acreditamos que Deus vai cuidar de nós. Esquecemo-nos de colocar Deus em nossas vidas, antes de nos afligirmos com as preocupações. Vivemos assoberbados, inseguros e ansiosos.

"As aves não se preocupam, mas Deus cuida delas. Vocês não sabem que são mais valiosos para Deus do que as meras aves?" (Jesus - Mateus 6:26)

Por isso a preocupação é antinatural. Você já viu algum bebê preocupado? A preocupação não nasceu com ele. A mamãe acalenta seu filho em compasso binário, no ritmo que ele conhece: o ritmo do coração. Compasso ternário não serve como canção de ninar. Durma meu pequeno. Tudo está certo no Reino de Deus!

3ª razão e segredo – Usemos a tranquilidade. A preocupação não pode alterar o passado, nem controlar o futuro. Preocupação não soluciona qualquer problema, apenas faz com que entristeçamos hoje e percamos uma noite de sono tranquilizador, porque nos infunde ansiedade, precipitação para o futuro, para aquilo que pode ou não acontecer.

"Quem de vocês, por mais que se preocupem, pode acrescentar uma hora que seja em sua vida?" (Jesus - Mateus 6:27)

Por isso a preocupação é inútil.

Sejamos úteis - trabalhemos com confiança.

4ª razão e segredo. Se nós confiarmos toda a nossa vida e nos entregarmos nas mãos de Deus, Ele cuidará de nós. Essa foi sua promessa.

Quando éramos crianças, nossos pais nos proviam de quase tudo, diante de suas condições econômicas e financeiras. Pedíamos dinheiro para o lanche e jamais nos preocupamos de onde ele vinha. Isso era um problema deles.

Vejamos isso em outro modo. Deixemos que Deus cuide de nossas vidas, que Ele seja o nosso Pai, que tudo sabe e tudo provê. Ele cuidará de nós; apenas tenhamos fé, como a criança que pede o dinheiro para o lanche. O lanche virá.

"Deus cuidará de nós, apenas tenhamos fé." (tradução livre - Mateus 6:32)

Tenhamos fé - a preocupação é desnecessária.

Agora sabemos que a preocupação é: irracional, antinatural, inútil, desnecessária. Dessa forma podemos nos libertar, combatendo a preocupação. Sejamos racionais, naturais, úteis e necessários.

Primeiramente, confiemos a Deus cada área de nossas vidas. Preocupamo-nos porque temos consciência de que existem problemas em nossas vidas que não podemos controlar. A preocupação nos dá a sensação de que estamos fazendo alguma coisa, mas de fato estamos desperdiçando energia mental e emocional. Deus nos liberta desse fardo. Deus sabe o de que precisamos. Vivamos de acordo com a Sua vontade e não de acordo com a nossa vontade.

Em segundo lugar, vivamos um dia de cada vez. A cada dia basta o seu fardo. Com muita frequência sofremos com o que pode acontecer amanhã ou nos próximos dias, semanas, meses e até anos. Os desafios de hoje ainda nem se revelaram para nós.

Devemos nos concentrar "no que", e não "e se."

Cada dia traz seus próprios problemas.

Se há problema, há solução. O que não tem solução, solucionado está.

Um amigo me enviou essa mensagem por e-mail, sem identificar o autor:

> Quando me amei de verdade...
>
> Compreendi que em qualquer circunstância eu estava no lugar certo, na hora certa, no momento exato. (Lição da autoestima)
>
> Parei de desejar que minha vida fosse diferente e comecei a ver que tudo o que acontece comigo contribui para meu crescimento. (Lição do amadurecimento)
>
> Comecei a perceber como é ofensivo forçar alguém à situação, apenas para realizar aquilo que desejo, mesmo sabendo que não é o momento ou que a pessoa não está preparada. (Lição do respeito)

> Comecei a me livrar de tudo o que não fosse saudável: pessoas, tarefas, tudo e qualquer coisa que me colocasse para baixo. (Lição do amor-próprio)
>
> Deixei de temer meu tempo livre e de fazer grandes planos, abandonei projetos megalômanos de futuro. Hoje faço o que acho certo, o que gosto, quando quero e no meu próprio ritmo. (Lição da simplicidade)
>
> Desisti de querer ter sempre razão e com isso errei menos. (Lição da humildade)
>
> Desisti de ficar revivendo o passado e de me preocupar com o futuro. Agora me mantenho presente, que é onde a vida acontece. Hoje vivo um dia de cada vez. (Lição da plenitude)
>
> Percebi que minha mente pode me atormentar e me decepcionar. Mas quando eu a coloco a serviço do coração, ela se torna uma grande e valiosa aliada. (Lição do saber viver).

Não sei se vocês perceberam que o autor fala na primeira pessoa: Eu compreendi, eu pude perceber, eu parei de desejar, eu comecei a perceber, eu comecei a me livrar, eu deixei de temer, eu desisti de ficar revivendo o passado e de me preocupar com o futuro; eu percebi que minha mente...

Eu, de minha parte, preciso compreender, perceber, desistir, temer tudo o que acima está exposto. De uma coisa tenho certeza: preocupação não me conduz a lugar algum.

Preocupação é irracional, pois não nos deixa refletir. Leva-nos à ansiedade e ao bloqueio da razão.

Preocupação é antinatural, pois não traz tranquilidade; quando na vida tudo é natural.

Preocupação é inútil, pois se podemos resolver não há com que se preocupar; se não podemos, deixemos a vida acontecer. Só nos leva à aflição, inimiga das escolhas e decisões mais acertadas.

Preocupação é desnecessária. Deus está no leme de nossas vidas.

Amanhã já é outro dia. Nada do que temíamos aconteceu. Não pensemos o pior e nem esperemos o pior.

Trago o pensamento hinduísta de Bhagavad Gita, que não conflita em nada com os ensinamentos da nossa doutrina espírita.

Assim ele diz em "A canção Divina de Deus":

> Porque te preocupas sem motivo?
>
> A quem temes, sem razão?
>
> Quem poderia te matar?
>
> A alma não nasce, nem morre (é criação de Deus).
>
> Qualquer coisa que aconteça, acontecerá para seu bem; o que está acontecendo é para o seu bem, o que vai acontecer também será para o seu bem.
>
> Não deves lamentar pelo passado. Não deves te preocupar com o futuro.
>
> O presente está acontecendo. Que perda te faz chorar?
>
> Que trouxeste contigo, e que achas que perdeste?
>
> O que achas que foi destruído?
>
> Não destes nada, não trouxestes nada contigo; qualquer coisa que possuas, recebestes aqui. Qualquer coisa que tomastes, foi tomada de Deus.
>
> Tudo o que seja que tenham te dado, Ele te deu; chegastes de mãos vazias e voltarás de mãos vazias.

Tudo o que tens hoje pertencia ontem a outra pessoa; e pertencerá a outra no dia de amanhã. Erradamente desfrutastes da ideia de que isso te pertence.

É esta falsa felicidade a causa de seus sofrimentos.

A mudança é a Lei do Universo. O que tu consideras como morte é, na realidade, a vida.

Em qualquer momento podes ser um milionário e, no outro, seguinte, podes cair na pobreza.

Teus, meus, grandes e pequenos, apagues essas ideias de tua mente. Então tudo te pertencerá. Esse corpo não te pertence, também tu não és desse corpo.

O corpo é feito de fogo, água, ar, terra e éter, e retornará para esses elementos.

Mas a alma é permanente. Então, quem és tu?

Dediques teu ser a Deus. Ele é o único em quem deves confiar. Aqueles que conhecem essa verdade são para sempre livres do medo, preocupação e dor.

Isto te levará a experimentar a alegria, a liberdade e a vida para sempre.

Esta mensagem nos levará a algumas reflexões de como estamos longe da verdade e da fé. Como somos preocupados e ansiosos.

Capítulo VIII

Tudo é vaidade

A vaidade nos induz a nos julgarmos mais do que somos, por exaltar sentimento de superioridade, a valorização do ego.

Allan Kardec

"Vaidade das vaidades", diz o pregador Eclesiastes. Vaidade das vaidades! Tudo é vaidade. (Capítulo 1:2). "E o pó volte à terra, donde saiu, e o Espírito volte para Deus, que o deu." (Capítulo 12:7)

"A vaidade do poder e a estupidez, juntas, são um perigo para a humanidade, por que uma pessoa inteligente e insensata é uma das coisas mais assustadoras que há", assinala Patrick Rothfuss, no seu livro *O nome do vento.*

Um senhor de posses, bem-sucedido, reconhecido nos meios sociais encontrava-se em um hospital, na antessala de um centro cirúrgico. Seu filho sofrera um acidente de carro, fora socorrido e levado para lá. O diagnóstico era de rompimento do baço e precisava ser operado de urgência. O médico, grande cirurgião, já havia sido chamado. Sua demora agoniava aquele pai, que temia pela vida do filho. Cada minuto era crucial.

Quase meia hora depois, o médico atravessava os corredores do hospital com um semblante triste. Na antessala do centro cirúrgico, ele é abordado pelo pai do jovem a ser operado, que, aos gritos, começa a ofendê-lo, chamando-o de irresponsável. Dizendo que "se fosse o seu filho, com certeza o senhor teria sido pontual e responsável, mas como não é o seu filho..."

O médico responde-lhe que aquela discussão não levaria a nada e não ajudaria a salvar a vida daquele jovem.

Após três horas no centro cirúrgico, o médico sai e informa àquele pai que a operação tinha corrido muito bem, que seu filho estava salvo e se recuperaria. E que outras informações seriam prestadas pela enfermeira-chefe logo a seguir. Assim deixou o hospital.

Quando a enfermeira foi conversar com o pai, ele reclama ainda da arrogância do médico, que saiu às pressas sem lhe dar satisfação.

A enfermeira informou-o então que o médico tinha deixado o velório do seu filho, também acidentado, para realizar a cirurgia do jovem, e que retornava para o seu sepultamento.

A palavra *vaidade* significa oco, vazio, sem valor, sem sentido, efêmero, transitório.

Kardec nos diz que a vaidade nos induz a nos julgarmos mais do que somos, por exaltar o sentimento de superioridade, a supervalorização do ego.

Já Fernando Pessoa escreve que o homem prefere ser exaltado pelo que não é a contentar-se com o que é.

Há uma frase que diz: "Não viva para que sua presença seja notada, mas para que sua ausência seja sentida." Quem quer ter a presença notada é uma pessoa vaidosa, mas quem quer que sua ausência seja sentida, também é uma pessoa vaidosa. Tudo é vaidade!

A lição a ser aprendida é a da boa educação, urbanidade e boas maneiras, e quem nos ensina é o próprio mestre Jesus: "Quando fores convidado a uma festa, senta-te nos últimos lugares." É uma lição sempre ensinada e nunca aprendida. E vamos vivendo numa atmosfera falsa de ilusões de competições e comparações.

Como o vaidoso nunca está contente consigo mesmo, é levado ao perfeccionismo. Cria, assim, uma barreira intransponível para entrar em seu mundo interior. Tem e terá a maior dificuldade em conhecer a si mesmo.

E é por isso que surge o primeiro monstro dentro de nós: *A presunção de julgar*. Como nos julgamos superiores, nos sentimos no direito e no dever de julgar os outros. Ao julgar as pessoas, prejulgamos para uma defesa falsa de nós mesmos. Esquecemo-nos de outra lição de Jesus: "Com a mesma medida que julgueis, sereis julgados." Nós mesmos nos colocamos no outro prato da balança, pois a única referência que temos é a nossa vaidade. Com ela seremos julgados.

Quando Jesus nos diz que quem não tiver pecado, que atire a primeira pedra, na verdade está nos convidando a uma autoanálise. "Conhece-te a ti mesmo."

Uma das dificuldades na autoanálise está em cobrirmos o rosto com um disfarce, aparentando o que não somos. Na mitologia grega, Atreu, o rei de Micenas, cobriu o rosto de seu filho Agamenon com máscara de ouro, para que, mesmo após a morte, continuasse a resplandecer. Nós usamos essa máscara enquanto vivos.

Colocamos essa máscara diariamente, feita de mentiras e falsidades, que nos permite viver no mundo sem sermos reconhecidos. Não enganamos os outros, mas a nós mesmos.

Não adianta cobrir nossa face, com medo de nós mesmos. Sob a máscara de Atreu encontramos um ser humano comum, com rosto comum, vivendo de forma comum.

Causaríamos horror nas pessoas se nos despíssemos desta fachada e mostrássemos nosso verdadeiro rosto. Por isso é que só o inesperado revela o que mora no fundo de nossos corações.

Alguns defeitos aparecem em nós. E em algumas pessoas esse defeito é óbvio, escancarado para quem quiser ver: alcoólatras, dependentes de drogas, criminosos etc., mas muitos de nós os escondemos da melhor forma possível e como nos convém.

O segundo monstro gerado pela vaidade tem vários nomes: *petulância, arrogância, presunção*. As pessoas preferem ser exaltadas pelo que não são a contentar-se com o que são.

Esses monstros são criados segundo nossos comportamentos e escolhas. Nós mesmos é que lhe damos espaço e voz em nossa alma. Ficamos presos a eles e somos seus devedores. Somos escravos da nossa própria vaidade.

Que vitória, que sucesso, que conquista compensa o preço que teremos que pagar se os alcançarmos através deles? O grande benfeitor da petulância, do convencimento e da arrogância é o nosso ego.

Esses monstros nos conduzem por caminhos tortuosos: ao apego à matéria, ao melindre e ao acúmulo de lixo existencial.

Expliquemos:

- *O apego à matéria*, levado pela vaidade, nos convida juntar tesouros na Terra, contradizendo a orientação de Jesus, que nos recomenda acumular tesouros no Reino de Deus, onde nem a traça, nem o ladrão podem tirá-los de nós. "Que o pó volte à terra, e a alma a Deus, de onde veio."

Passamos a vida correndo atrás da fama, da glória, do dinheiro, dos prazeres, do poder. Vaidade das vaidades, a troco de quê?

- *O melindre*, ou a própria vaidade em movimento, segundo Allan Kardec, é a facilidade de nos sentirmos ofendidos, injustiçados, humilhados, perseguidos.

O melindroso detesta ser contrariado, e qualquer coisa o torna mais sensível que o normal. Criticá-lo, nem pensar! Lidar com uma pessoa melindrosa é muito difícil. Parece que estamos pisando em ovos. Por qualquer coisa fica ofendida e ressentida.

- *O acúmulo de lixo existencial*. Se é verdade que a cada dia basta sua carga, por que teimamos e insistimos em carregar hoje o ocorrido no dia anterior? Por que carregar amanhã o que está acontecendo hoje? Por que carregar - por semanas, meses, anos - mágoas, dores, ressentimentos, ódios, ciúmes, inveja?

É por pura vaidade que nos apegamos a esses sentimentos menores, levando um fardo desnecessário: o lixo existencial. Isso deixa cicatrizes na alma. E pedimos: "Cura minha alma, Senhor!"

Carregar um peso de ressentimentos do passado não é só inútil. É burrice. Jogamos uma reencarnação fora com lições nunca aprendidas. Carregar o lixo dos outros é bem pior. Bastam os nossos.

A vida não é feita de *competições e comparações*. Eis o terceiro monstro, também nutrido pela vaidade. Cada um de nós é aquilo que é. Cada um está num patamar diferenciado de evolução espiritual, mas todos nós estamos a caminho. Toda comparação é odiosa e carregada de preconceito e intolerância. Não precisamos competir com ninguém. Cada um sabe o que carrega na própria alma. Somos semelhantes, mas não somos iguais.

Estamos no lugar certo, na hora certa, com pessoas certas. "Não maldiga, não faça comparação", diz Chico Xavier.

Precisamos nos lembrar sempre de que a casa da alma é magnífica, porém frágil. A vida é como uma bolha de sabão no ar. É linda, mas pode arrebentar a qualquer instante. Ela carrega nossas experiências de vida, nossos sentimentos e emoções. A bolha não suporta coisas materiais.

A doutrina espírita nos dá as ferramentas necessárias para o trabalho de nossa evolução. Toda mudança exige esforço pessoal. Não existe mágica.

Passes e água fluidificada ajudam, mas sem nosso esforço podem ser inúteis.

Viva a sua vida não para que seja notado, mas para que sua ausência seja sentida, pelo bem que fez.

A maior vaidade é excluir Deus de nossas vidas. Por vaidade queremos resolver nossos problemas (às vezes sem a solução que desejamos) somente com nossos próprios esforços. Sem Deus nada podemos. Existem muitas maneiras de nos sentirmos sozinhos. Esta é a maior delas.

Mágoas envelhecidas transparecem em nossos rostos. Nossos olhos, já disseram, são o espelho de nossa alma.

Vamos abrir as gavetas do coração, abrir espaços para novas oportunidades que a vida nos oferece todos os dias. Tudo é dom de Deus. Precisamos nos recolher à nossa insignificância, mas grandiosos como filhos de Deus. Vamos deixar nossos olhos brilharem de alegria.

Existem muitas maneiras de se estar só, de se sentir sozinho. Não deixemos que o petulante, o convencido, o arrogante nos façam distantes das pessoas.

Humildade para combater a vaidade.

Capítulo IX

Perseverança e seriedade

> Apesar de todos os limites, devemos buscar
> nossa evolução espiritual.
> *Autor desconhecido*

No item VIII da Introdução de *O Livro dos Espíritos* (tradução Herculano Pires) há uma recomendação e um chamamento quanto à perseverança e seriedade na prática e no estudo da doutrina espírita.

A perseverança consiste na firme e sincera vontade de estudar e aprender os ensinamentos da doutrina até chegar a um resultado que permita a seriedade de sua prática.

O que caracteriza o estudo sério e um trabalho profícuo é a continuidade e regularidade com que nos empenhamos em desenvolvê-lo, bem como o recolhimento necessário na vigilância e na oração.

Estudar não de forma aleatória, como um autodidata, mas sim de forma metódica, como se dá no mundo escolar e acadêmico. Lembremo-nos de que o espiritismo é religião, ciência e filosofia, tripé básico da doutrina redentora.

Não basta ler de forma desorganizada e adquirir apenas um verniz de cultura, pois o espiritismo é mais que isso. O saber deve estar direcionado a serviço do bem e do próximo.

Os cinco livros básicos devem ser estudados metodicamente pelos espíritas: *O Livro dos Espíritos*, *O Livro dos Médiuns*, *O Evangelho segundo o Espiritismo*, *O Céu e o Inferno* e *A Gênese*. Isso exige de nós perseverança e continuidade, que devem caracterizar a seriedade no que nos dispomos a fazer.

A perseverança garantirá a continuidade. Mas é a seriedade no trato dos assuntos da doutrina que garantirá a presença dos espíritos superiores em nossa jornada, pois eles não participam de reuniões e estudos onde pululam espíritos gozadores e gaiatos.

Se quisermos respostas sérias aos nossos questionamentos e nossas dúvidas, temos de ser sérios em nossas intenções. O espiritismo não dá lugar, tempo nem espaço para trotes e brincadeiras.

Como acontece em tudo na vida, encontraremos obstáculos para dar continuidade em nosso labor, nos estudos e práticas espíritas. Quanto maior o obstáculo, maior deve ser a nossa força de vontade; não de espaço físico, mas de dedicação e comprometimento com a causa que abraçamos.

Aqui vale a máxima: "Ninguém tropeça em montanha." São os pedregulhos do dia a dia que nos fazem tropeçar e fraquejar. Por isso é que insistimos na perseverança e na seriedade no trato das coisas espirituais.

Vejamos que os rios contornam obstáculos para desaguar em outro rio e por fim no mar, destino final. E que estradas ou caminhos são pontes que nos ligam a dois destinos: partida e chegada.

Estradas para serem construídas também contornam obstáculos ou os enfrentam com pontes, viadutos, túneis, entre o início e o fim.

Da mesma forma, devemos nos comportar para superar os obstáculos que se nos apresentam.

Uns constroem estradas e, assim, caminham por elas. Outros apenas caminham por elas. Outros, ainda, percorrem-na e constroem-na durante a caminhada; não ficam alienados e parados.

Alguns desistem facilmente. Sentam-se à beira do caminho, choram e lastimam os problemas que se apresentam diante deles.

Alguns outros buscam atalhos e se perdem na vida por caminhos tortuosos. O que parecia fácil se torna complicado e difícil.

Que caminho devemos tomar? Aonde queremos chegar? Se não soubermos responder a essas duas perguntas, qualquer caminho nos basta, pois não sabemos aonde queremos chegar.

Ficaremos expostos às incertezas da vida e caminharemos inseguros. Vejam o que o mundo espera dos indecisos e daqueles que não têm iniciativa. Vejam o que nos espera sem termos perseverança e seriedade na vida.

Qual é a lógica do futuro se não temos objetivos na vida? Assim é que o estudo e os trabalhos dentro da doutrina espírita esperam os homens de boa vontade, que têm seriedade no que se propõem fazer.

Nós não podemos deixar que nos enganem: nós somos os únicos responsáveis pelas escolhas que fazemos e pelos caminhos que trilhamos. Mas recordemos que é sempre possível perceber os erros de percurso e reiniciar nossos estudos e trabalhos na seara espírita. Estamos nesta existência para um aprendizado, em busca de nossa evolução espiritual.

Quem não persevera não chega a lugar nenhum; passa por uma existência, uma reencarnação, sem obter melhoramentos no campo moral e espiritual.

Jesus nos falou que quem coloca a mão no arado e olha para trás não é digno de entrar no Reino dos Céus. Não analise o que você já fez; olhe para frente e faça o que ainda tem que ser feito.

Como em tudo na vida, no estudo da doutrina é preciso um projeto que nos conduza à autorrealização. Só assim conquistaremos autoestima e autoconfiança.

A superação, quando nos sentimos no fundo do poço, é decorrência da perseverança e da seriedade.

Todos nós conhecemos a história do chinês Peng Shuilin, que, em 1995, perdeu a metade inferior de seu corpo em um acidente de trânsito. Ficou com 78 centímetros de altura. Ninguém em sã consciência lhe daria um minuto de vida sequer. Socorrido, venceu todas as etapas de um longo tratamento de dez anos. Houve perseverança e seriedade de sua parte e da equipe médica que o tratou. Hoje ele anda com um aparelho totalmente adaptado ao seu corpo, da cintura para baixo e já construiu seu próprio negócio.

Todos também já ouviram falar de Nick Vujicic, que, aos 27 anos, escreveu o livro *Uma via sem limites*. Nick nasceu sem braços e sem pernas. Tinha tudo para ser um problema e um drama para seus pais. Tinha tudo para ser um "estorvo" na vida de seus irmãos. Sofreu todo tipo de discriminação e preconceito. Mas conseguiu estudar e se superar, pela perseverança e seriedade. Hoje é um dos maiores palestrantes e conferencistas do mundo, quando se trata da busca da autoestima e dos objetivos que todos podem alcançar na vida.

Sua receita é muito simples:

Um poderoso senso de propósito de vida.

Uma esperança tão forte que é impossível diminuí-la.

Fé em Deus e nas infinitas possibilidades da vida.

Atitude com altitude.

Um espírito corajoso.

Vontade de mudar.

Um coração confiante.

Fome de aproveitar as oportunidades.

Capacidade de avaliar os riscos e rir da vida.

A missão de ajudar as pessoas, a colocá-las em primeiro lugar.

Nós que aqui estamos somos seres perfeitos, com pés e braços, mente aberta. O que nos falta para nos dedicarmos com afinco aos estudos, aos ensinamentos e à prática da caridade?

Por que reclamamos tanto?

Por que tudo nos parece difícil, quando se trata de participar de uma aula, numa única hora por semana? Hoje deixo de ir porque está chovendo, ou porque está muito calor, ou a noite está muito fria, ou porque alguém chegou de visita justamente na hora de sair.

Quantas desculpas nós arrumamos por não perseverar e dar continuidade aos nossos trabalhos.

Muitos confundem assiduidade com pontualidade. Uns são pontuais, chegam antes do horário, mas não são assíduos. Outros são assíduos, não faltam às aulas, mas estão sempre atrasados.

Precisamos, também, nos superar, não fisicamente, mas em disposição interior. Nenhuma dificuldade, nenhum obstáculo me fará desistir na busca de meu crescimento e evolução espiritual. Minha hora, nossa hora, é agora.

Não busquemos o centro espírita apenas para solucionar nossos problemas pessoais, mas também quando não tivermos problema algum. Ninguém nunca nos ofereceu facilidades na vida, nem Jesus, nem a espiritualidade superior e muito menos eu, que agora escrevo este livro, que nada sou e tenho os mesmos problemas que todos.

Somos humanos sim, fracos também, mas precisamos crescer dentro desses limites.

Este é o grande chamamento para o estudo e o trabalho em qualquer centro espírita digno desse nome.

"Nunca desista de seus sonhos, porque sem eles você continuará a existir, mas deixará de viver."

Mahatma Gandhi disse que "a força não provém da capacidade física e, sim, de uma vontade indomável."

Repito agora:

"Não se deixe enganar; só você será o responsável pelo caminho que escolher. Ninguém poderá prestar contas por você."

Nossa hora é agora!

Capítulo X

Ser e parecer ser

Não sei voar com os pés no chão.
Clarice Lispector

Há uma ligação fundamental entre ser e parecer. Quem aparenta ser acaba por ser aquilo que aparenta.

A palavra personalidade vem do grego *persona*, máscara usada nos teatros de arena para a representação de um papel, de um personagem. Os papéis apresentados, na época, ou eram de tragédias ou comédias e por isso o teatro é representado de forma simbólica por duas máscaras semelhantes: uma sorrindo e outra chorando. Uma alegre e outra triste. São semelhantes, mas se contrapõem.

Em nossas vidas representamos vários papéis reais no convívio com nossos semelhantes: papel de pai, de mãe, de profissional, de consumidor, de vendedor etc.

Para os nossos filhos representamos papel de pais; para a esposa, papel de marido; no trabalho, papel de patrão ou de empregado.

Muitos conseguem distinguir os vários papéis. Outros continuam representando papéis de patrão diante da esposa e dos filhos. Nossas esposas têm de nos ver como maridos, companheiros, confidentes, cúmplices. Nossos filhos têm de nos ver como pais, educadores, amigos etc.

Precisamos entender o quanto uma máscara pode ser perniciosa. Aparentar ser, parecer ser, não é o mesmo que ser. A tendência, pelo uso continuado de máscaras, é que acabemos nos transformando naquilo que fingimos ser.

Se vestirmos um mendigo com roupas finas, as pessoas o tratarão como nobre. E ele vai corresponder a essa expectativa e se iludirá pensando que de fato é nobre. Mas a verdade é mais profunda que isso. Criamos ilusões em nossas vidas para fugir de nossas realidades.

É como se contássemos uma história sobre nós mesmos dentro de nossas próprias cabeças. Sempre. O tempo todo. Essa história faz que sejamos como somos. Ou seja, nós nos construímos a partir dessa história e, assim, vivemos nossa vida. Fora de casa, uma pessoa; dentro de casa, uma pessoa completamente diferente. Gentil com os outros, grosso com os familiares. Quem somos nós, realmente?

Se as pessoas nos veem como heróis, acabamos por desempenhar esse papel. No princípio era apenas uma máscara, mas acabamos acreditando nela. Por isso, pouco importa como as pessoas nos veem; importa, sim, como nós vemos a nós mesmos.

As pessoas me viam como militar, mas em casa eu tirava a máscara e procurava ser eu mesmo, embora sabendo que nunca conseguia meu intuito. Agora eu mesmo me vejo como um militar, e um militar sem comando, aposentado, um nada. Ser militar era apenas uma encenação, mas na época tornou-se realidade.

É a realidade que me desperta, para que eu possa me lembrar de quem realmente eu sou.

De nada adianta parecer ser alegre. É preciso ser alegre.

De nada adianta parecer ser bondoso, generoso, gentil. É preciso ser bondoso, generoso, gentil, e em todas as circunstâncias da vida. Isto é ser transparente, cristalino. A mentira torna-nos hipócritas; e assim aparentamos o que não somos.

E para parecer, o homem gasta o que não tem, buscando apenas projeção social. Compra aquilo de que não precisa, tão somente para ostentar. Quer mostrar que é, quando está apenas parecendo ser.

Por isso, repito: cuidado com o que aparenta ser, porque esse ser já está construído em sua mente.

O papel, a representação, pode transformar-se na sua verdade.

Por viver o que não somos, acabamos pregando falsas profecias. É por isso que Jesus nos alertou para tomarmos cuidado com o fermento dos fariseus, que pregam uma verdade, mas são incapazes de vivê-la. O espiritismo recomenda, aconselha, ensina a vivência da verdade. Os espíritos superiores e nós mesmos sabemos que vivemos uma mentira. Ou seja, nós aparentamos aquilo que não somos.

Sócrates, cerca de 300 anos antes de Cristo, já dizia: "Conhece-te a ti mesmo." Se nos construímos a partir de uma história contada a nós mesmos, precisamos que a história seja verdadeira. Precisamos ser, e não parecer ser.

Estamos na idade da razão. Tenho a idade que tenho. De nada adianta querer aparentar outra idade. Faça a plástica que quiser e puder, mas lembre-se de que não há cirurgia plástica para a alma. A idade da razão é a mesma idade da resignação.

Se nós imaginamos que a aparência construirá o que queremos ser, estamos redondamente enganados. Só nos construímos e evoluímos na medida em que somos. Este sou eu! Olhemos no espelho e deixemos de representar.

Nossa liberdade consiste em olhar de frente as situações em que nos metemos voluntariamente e aceitar, arcar com as responsabilidades. Viver a verdade.

Que triste é pensar, na convivência consigo mesmo, uma pessoa preguiçosa e fria, razoável no fundo, mas que malandramente construiu para si própria uma felicidade medíocre, se é que existe uma felicidade medíocre. Bom é pensar, na convivência conosco, como uma pessoa ativa, sincera, transparente, razoável sempre, que constrói uma felicidade palpável, que sabe enfrentar os dissabores da vida. Perceber que não basta existir e, sim, querer viver.

Não podemos suprimir uma situação em que nos colocamos voluntariamente, porque a vida é resultado de escolhas. Querer suprimir é medo de não querer arcar com as consequências.

Pode ser que não mintamos para nós mesmos neste instante, mas construímos nossa vida inteira baseados na mentira. Na história repetida mil vezes em nossa cabeça.

Quantas pessoas vivem umas com as outras num mundo falso? Estão juntas não porque se amam, mas porque se odeiam. Constroem aparências, vivem de aparências.

Não basta usar roupas de grife, nem colocar tanta maquiagem. Vestir é preciso. E mostrar o verdadeiro rosto é essencial.

Quando alguém inicia um namoro, é muito comum aparentar, para o outro, ser uma pessoa que não é exatamente aquilo, mas faz isso para impressionar. O tempo se encarregará de mostrar nossa verdadeira face.

Um carro só tem utilidade para facilitar nossa locomoção, mais nada. De nada adianta ostentação, parecer ser. Seremos sempre nós mesmos dentro do carro ou fora dele.

O ser implica uma interação mente-corpo. Os antigos diziam que, quando a mente não pensa, o corpo padece. Apresentamos, por isso, diferentes reações, em face das adversidades da vida. Se aparentamos ser, importamo-nos com o que aconteceu em nossas vidas; se somos, nos importamos como encarar e enfrentar o que nos acontece.

É o movimento do pensamento que dá ao corpo o poder de criar ou destruir. Construir-se ou destruir-se. Por aparentar ser, sufocamos nossas emoções e sentimentos.

Mas o ego fala mais alto. Ele existe para nos lembrar de quão importante nós somos; leva-nos a acreditar nisso, acende o nosso orgulho e não nos recolhemos à nossa insignificância.

O ego nos diz: veja como você é necessário para o sucesso daqueles que dependem de você. Eu, ego, venho para ajudá-lo a não perder de vista as maneiras como eles (os outros) o ofenderam e o quanto foram ingratos com você, que tanto os ajudou, quando você só queria um pouco de reconhecimento e agradecimento. Eu, ego, venho lembrá-lo que, sem você, eles não seriam nada e, mesmo assim, ainda falam mal de você nas suas costas.

Para os pseudorreligiosos, o ego costuma dizer: "Você precisa matar o seu eu e colocar Deus em sua vida"; "Você precisa se rebaixar para que Ele possa se engrandecer"; "Você precisa tornar-se nada para que os outros possam tornar-se tudo"; "Você precisa ser livre para escolher, para amar, viver e deixar viver"...

Vaidade pura! E os pseudorreligiosos pensam viver na graça de Deus.

Na verdade o ego está dizendo ao que aparenta ser: "Você precisa se posicionar para adquirir respeito e consideração". "Você precisa tornar-se poderoso para ser admirado". "Você precisa se exaltar para alcançar o poder e o sucesso". "Você é livre para escolher, mas imponha sua vontade e sua escolha sobre os demais"...

O ego nos diz uma coisa para nos induzir à outra. É preciso, para ele, aparentar ser.

Como somos pequenos e miseráveis nestes momentos!

O ser nos deixa livre para chorar ou sorrir, para demonstrar nosso afeto e nossa ternura; não reprimimos emoções e sentimos.

Quem aparenta ser o que não é, corre muitos riscos:

Abre mão de seus ideais em busca de admiração, aprovação ou consideração.

Se os outros cobram demais, ele busca o compromisso com o sucesso.

Está sempre com sentimentos de culpa.

Cria atitudes desonestas consigo mesmo.

Vê emoções como pecaminosas, quando são apenas atos em si.

Não consegue eliminar conflitos e, por pensar ser o que não é, mente cada vez mais.

Não consegue aumentar o desejo real, pois obstáculos aparecem à sua frente.

É bom que nos lembremos constantemente de que somos o reflexo de nosso mundo interior.

O ser procura:

Melhorar a autoestima (amar-se a si mesmo e cada vez mais).

Aceitar as falhas e os erros, não se criticando e não se desvalorizando ou se menosprezando. Aceita a si mesmo como é.

Concentrar-se em suas qualidades.

Conviver com pessoas positivas, alto-astral.

Trocar mensagens negativas por positivas.

Dar sentido a sua vida, ter um ideal.

Aproveitar as oportunidades que a vida oferece.

Buscar a noção do que é essencial em sua vida.

Associar a mente ao corpo.

A beleza de uma pessoa não está em sua aparência; está na limpidez de seu olhar, espelho e reflexo da alma.

O ego ainda nos diz: "Eu sou o seu eu superior; tudo a que você aspirou, esperou e desejou". "Você possui um poder magnífico. Você pode criar realidade a partir de sofrimentos e sonhos, de esperanças e desespero. Há um Deus dentro de você".

Na verdade o ego concretiza o nosso potencial de criar a ilusão de que somos capazes de controlar as pessoas e o mundo ao nosso redor.

Vejam como nasce um egoísta! Vejam como se reproduzem os que só aparentam ser! Carro do ano, roupas de grife, melhores restaurantes. Tudo vaidade. Aparentar aquilo que não é.

Agora estamos em nosso quarto, sozinhos, mais solitários que nunca.

Martin Luther King afirmou que "tudo o que vemos é uma sombra projetada por aquilo que nos é invisível". Carol S. Lewis, por sua vez, afirmou: "Se buscarmos a verdade, poderemos encontrar conforto no fim. Se buscarmos o conforto, não o alcançaremos. Tampouco a verdade, mas apenas bajulação e ilusões no começo e desespero no fim".

Eu digo que temos que nos construir, não com fachadas, com mentiras, sem a menor consistência. Temos que nos construir com o que nós somos, sem aparências de querer ser. Ser simplesmente por ser. Só assim a nossa alma será curada.

Gosto tanto de *Coisas da vida*, de Clarice Lispector, que, vou citá-la, para nos ajudar a entender o sentido do ser e do parecer ser.

> Já escondi um AMOR com medo de perdê-lo,
> já perdi um AMOR por escondê-lo...
> Já segurei nas mãos de alguém por estar com medo,
> já tive tanto medo, a ponto de nem sentir minhas mãos.

Já expulsei pessoas que amava de minha vida,
já me arrependi por isso...
Já passei noites chorando até pegar no sono,
já fui dormir tão feliz, a ponto de nem conseguir fechar os olhos.

Já acreditei em amores perfeitos,
já descobri que eles não existem...
Já amei pessoas que me decepcionaram,
já decepcionei pessoas que me amaram...

Já passei horas na frente do espelho
tentando descobrir quem sou,
já tive tanta certeza de mim,
a ponto de querer sumir...

Já menti e me arrependi depois,
já falei a verdade e também me arrependi...
Já fingi não dar importância às pessoas que me amavam,
para mais tarde chorar quieta em meu canto.

Já sorri chorando lágrimas de tristeza,
já chorei de tanto rir...
Já acreditei em pessoas que não valiam a pena,
já deixei de acreditar nas que realmente valiam...
Já tive crises de riso quando não podia...
Já quebrei pratos, copos e vasos, de raiva.
Já senti muita falta de alguém, mas nunca lhe disse.
Já gritei quando deveria calar, já calei quando deveria gritar.

Muitas vezes deixei de falar o que penso para agradar a alguns,

De outras vezes falei o que não pensava, para magoar outros.

Já fingi ser o que não sou para agradar a uns,

já fingi ser o que não sou para desagradar a outros.

Já contei piadas e mais piadas sem graça, apenas para ver um amigo feliz.

Já inventei histórias com final feliz, para dar esperança a quem precisava.

Já sonhei demais, a ponto de confundir com a realidade...

Já tive medo do escuro; hoje no escuro "me acho, me agacho, fico ali."

Já caí inúmeras vezes achando que não iria me reerguer,

já me reergui inúmeras vezes achando que não cairia mais.

Já liguei para quem não queria apenas para não ligar para quem realmente queria.

Já corri atrás de um carro, por ele levar embora quem eu amava.

Já chamei pela mamãe no meio da noite fugindo de um pesadelo.

Mas ela não apareceu e foi um pesadelo maior ainda.

Já chamei pessoas próximas de "amigo" e descobri que não eram...

Algumas pessoas, eu nunca precisei chamá-las de nada; e sempre foram e serão especiais para mim.

Não me deem fórmulas certas, porque eu não espero acertar sempre.

Não me mostrem o que esperam de mim, porque vou seguir meu coração!

Não me façam ser o que não sou; não me convidem a ser igual, porque sinceramente sou diferente!

Não sei amar pela metade, não sei viver de mentiras, não sei voar com os pés no chão.

Sou sempre eu mesma, mas com certeza não serei a mesma pra SEMPRE!

Gosto dos venenos mais lentos, das bebidas mais amargas, das drogas mais poderosas, das ideias mais insanas, dos pensamentos mais complexos, dos sentimentos mais fortes.

Tenho um apetite voraz e os delírios mais loucos.

Você pode até me empurrar de um penhasco que eu vou dizer:

– E daí? Eu adoro voar!

Com o tempo compreendi que o que importa não é o que você tem na vida, mas quem você tem na vida. E que bons amigos são a família que nos permitiram escolher...

Gosto de cada um de vocês de um jeito especial e único...

Capítulo XI

Alienação - Ciência e religião

O maior perigo para a humanidade é um cientista alienado.

Robert Oppenheimer

No dia 6 de agosto de 1945, uma segunda-feira, por volta de 8 horas e 16 minutos, o avião Enola Gay, da Força Aérea Americana, sobrevoou uma pequena ilha no Pacífico e lançou a primeira bomba atômica. Muitos japoneses da cidade de Hiroshima ainda despertavam. Homens e mulheres iam para o trabalho e crianças para a escola. Cem mil pessoas morreram instantaneamente. E milhares de outras depois, pelo efeito da radiação. A cidade foi arrasada.

A frase dita na cabine do avião expressava a crueldade que havia sido cometida: "Meu Deus, o que fizemos!"

Como se não bastasse, no dia 9 de agosto, três dias depois, a cidade de Nagasaki também foi bombardeada, causando a destruição da cidade e milhares de mortes.

O grande responsável pela carnificina foi o governo dos Estados Unidos da América, mais precisamente Robert Oppenheimer. Ele era o diretor do Projeto Manhattan, iniciado em abril de 1943 e concluído em agosto de 1945, que consistia em construir a bomba atômica.

"O maior perigo para a humanidade é um cientista alienado", disse Oppenheimer, talvez se referindo a si mesmo e a todos os técnicos e cientistas que ele comandava ou aos cientistas de um modo geral.

Sou obrigado a concordar com ele, mas vou além: todos os alienados, sejam cientistas ou não, são um perigo para a humanidade. Mas o maior perigo de todos é uma humanidade alienada. Após o término da Segunda Grande Guerra, em outubro de 1945, o nosso planeta não teve mais paz. Revoluções, guerras, guerrilhas têm estourado a todo instante.

Napoleão Bonaparte dizia que, na guerra, Deus está sempre ao lado de quem tem o melhor armamento. Hoje, se estivesse encarnado, com certeza não diria isso. O fanatismo religioso, e a consequente alienação, produz homens-bombas e mulheres-bombas, que matam a si mesmos e a centenas de milhares de pessoas, explodindo o próprio corpo. Faz mais estragos que uma tropa bem armada e equipada com tecnologia e logística.

Vivemos em um mundo de alienados: pais e mães alienados, professores, médicos... Profissionais, em todas as áreas, alienados; alunos alienados, que pagam para estudar em uma faculdade, porém não assistem às aulas; fingem que aprendem, enquanto os professores fingem que ensinam. Os ecologistas afirmam a extinção do planeta pelo desmatamento, pela destruição da camada de ozônio e pela poluição das águas. Parece que não navegamos na mesma nave Terra.

O problema referente às drogas, à prostituição, à corrupção desenfreada não nos diz respeito. A guerra está do outro lado do mundo. São palestinos ou israelenses se matando. Fingimos que nada está acontecendo conosco. Alienamo-nos em face das notícias dos jornais e nos esquecemos das guerras menores que acontecem em nossa cidade, em nossa comunidade, em nossas casas.

São vários os fatores que alienam o ser humano: a mídia, principalmente a televisão, com novelas degradantes, que, em nome do combate ao preconceito e à intolerância, propagam a promiscuidade e idiotice de todas as formas; a descrença nos políticos, nos homens que detêm o poder; a falta de autoridade; a falta de religiosidade e de crescimento espiritual etc.

As ideias lançadas por Jesus, quando em sua vida pública, continuam sendo revolucionárias, como foram desde o início. Ideias, que trazem um despertar para a humanidade, como o fizeram tantos homens que contribuíram para o progresso moral na Terra. Mas a humanidade teima em dormir, anestesiada, como se essas verdades, pregadas pelo mestre maior, não estivessem em suas vidas. Uma única lei, a do amor ao próximo, continua sendo ignorada: "Façamos aos outros aquilo que queremos que nos façam."

Parece que ainda estamos vivendo na idade das trevas, na era medieval. Precisamos despertar. A Terra e nós, seus habitantes, passamos por grandes transformações.

Nos tempos da Inquisição Medieval, quantas pessoas morreram por não seguir os dogmas impostos pela Igreja? O saldo de vítimas, torturas e perseguições são incontáveis. A inquisição constitui a mais insana contradição religiosa, combatendo, em nome de sua verdade, em nome de Deus, aquele a quem julgavam violar as suas leis. Como é possível perseguir, torturar e matar de forma tão obsessiva e desumana?

A mentalidade dos homens aos poucos se transformaria. A partir do século XVIII, os filósofos iluministas pretendiam substituir o rigor religioso, a ideia de salvação, a busca do Reino pela ideia de felicidade na Terra. Nascia assim o hedonismo, a busca do prazer pelo prazer. Os seres humanos cada vez mais alienados.

A Providência Divina foi substituída pela certeza científica e pela ideologia do progresso material. Maior apego à matéria. Continuamos juntando tesouros na Terra, onde a traça e os ladrões podem destruir.

Os pretensiosos iluministas fizeram com que vivêssemos apoiados em seus conceitos.

Com Galileu Galilei a ciência tenta se aproximar da religião. Mas o seu conceito, de que a Terra gira em torno do Sol e não o Sol que gira em torno da Terra, afastou Galileu da Igreja, pois as autoridades do clero pensavam exatamente o oposto. Galileu renovou a ciência, baseado na experiência e observação. Seus experimentos eram objetivos, e não os ditados pelos textos sagrados.

E hoje, movidos por um radicalismo religioso, os homens continuam a se matar. Ainda existe um terrorismo de consciência. Pessoas são vigiadas, perseguidas e condenadas por professar outras crenças. As ideias inovadoras têm que ser combatidas para assim perdurar a censura a toda produção cultural, impondo forte restrição a toda manifestação do pensamento e qualquer inovação científica.

Os crentes não podem ter dúvidas religiosas nem contestar a autoridade de seus líderes, contradizendo o enunciado de que "a fé sem ação é cega". Temos de entender, mudando paradigmas seculares, que religião e ciência, fé e pensamento científico, devem caminhar juntos.

Da mesma forma que, no passado, a religião sem ciência nos conduziu à degradação, na atualidade, a ciência sem a religião pode nos levar à autodestruição no futuro. Precisamos de ambas: razão e coração.

A espiritualidade superior está a nos dizer que precisamos, urgentemente, resgatar a transcendência e a espiritualidade (crescimento e desenvolvimento) sob a visão apresentada, revelada pelos espíritos a Kardec.

Por falsos dogmas os homens continuavam ignorantes e alienados pelo pavor da perseguição, tortura e morte.

Poderíamos nos alongar citando Francis Bacon (o império do homem sobre as coisas); Descartes, o pai da razão, que levava as pessoas a questionarem todas as coisas, tirando suas próprias conclusões ("penso, logo existo"); Isaac Newton, que revolucionou a ciência com suas leis precisas sobre o Universo.

Mas a revolução científica conduziu a humanidade de um extremo ao outro.

Primeiro, a ciência reprimida em nome de Deus.

Segundo, a espiritualidade reprimida em nome da ciência. Momentos obscuros para a espiritualidade.

É Allan Kardec, o professor Hippolyte Léon Denizard Rivail, que, ao publicar *O Livro dos Espíritos,* em 1857, nos permitiu uma religiosidade fundamentada na ciência. Uma não existe sem a outra. Não há mistérios, não há mágicas, tudo tem explicação científica e natural.

O espiritismo é ao mesmo tempo religião, ciência e filosofia. Não impõe dogmas. E é o cristianismo mais puro. Mas há ainda preconceito e ignorância quanto à prática da mediunidade.

É por isso que a alienação não pode pôr em risco o próprio projeto de humanização e de crescimento espiritual.

Não podemos mais viver uma fria indiferença diante do essencial. Precisamos reavivar a chama da bondade, da compaixão e da fraternidade que está se apagando.

Vivemos tempos contraditórios pela violência que nos cerca e pela ignorância existencial. Não há padrões nem certeza. Tempos de vidraças quebradas e flores partidas.

Há tanta coisa a ser feita, e nossa tarefa é seguir adiante.

"O pior inimigo para a humanidade é uma humanidade alienada."

Capítulo XII

Vaidade e orgulho - Viver na ilusão

O orgulho vos induz a julgardes mais do que sois, a não aceitar uma comparação que vos possa rebaixar e a vos considerardes, ao contrário, tão acima de vossos irmãos, quer em espírito, quer em posição social, quer mesmo em vantagens pessoais, de tal modo que o menor paralelo vos irrita e aborrece. E o que acontece, então? Entregai-vos à cólera.

Allan Kardec - *O Evangelho segundo o Espiritismo (Capítulo IX)*

Francis Bacon, nascido em Londres em 1561 e falecido na mesma cidade em 1626, foi considerado o maior filósofo de sua época. Vejamos o que ele dizia sobre o orgulho e os orgulhosos quase trezentos anos antes do lançamento de *O Evangelho segundo o Espiritismo*, publicado por Allan Kardec em 1864.

"As desculpas, as reservas, a própria modéstia, bem reguladas, não são senão artes de ostentação." E ainda: "Os vaidosos, orgulhosos são o escárnio dos homens sábios, admiração dos tolos e escravos de suas próprias jactâncias".

Jean de La Bruyère, filósofo francês, nascido em Paris em 1645 e falecido em Versalhes em 1696, foi quase contemporâneo de Bacon. Vejamos um de seus pensamentos: "No seu coração, os homens desejam ser estimados, mas eles cuidadosamente ocultam esse desejo porque querem passar por virtuosos e porque o desejo de receber da virtude qualquer vantagem além dela mesma não seria ser virtuoso, mas amar a estima e o elogio - ou seja, ser vaidoso. Os homens são muito vaidosos, mas não há nada que eles mais detestem do que serem considerados vaidosos".

Para os orgulhosos e vaidosos, a glória é o pedaço mais raro e saboroso. Como gostam desse desejo imoderado de chamar a atenção e receber elogios! Se isso não acontece, o movimento da vaidade conduz ao melindre, que é a essência pura da própria vaidade.

A pessoa vaidosa, orgulhosa tem algumas características que a desnuda e faz com que revele a sua face verdadeira. Vejamos algumas dessas características por suas reações, conforme aponta Ney Prieto Peres, no seu *Manual prático do espírita.*

Amor-próprio acentuado: contraria-se por pequenos motivos (melindroso).

Reage a quaisquer observações ou críticas de outrem em relação ao seu comportamento.

Necessita ser o centro das atenções; quando isto não ocorre, ele se cala e se esconde.

Não aceita a possibilidade de errar.

Menospreza a ideia dos outros.

Ao receber um elogio, enche-se de presunção e importância pessoal.

Preocupa-se, exageradamente, com a aparência pessoal externa e dá demasiada importância à sua posição social e ao prestígio pessoal.

Não admite rebaixar-se, humilhar-se diante de ninguém, por achar que isso é uma demonstração de fraqueza.

Usa e abusa da ironia e do deboche nas suas discussões.

Aspira a cargos e posições de destaque.

Tem obstrução mental na capacidade de autoavaliação. Não aceitando possíveis falhas ou erros, culpando a sorte, a infelicidade imerecida, o azar.

É na doutrina espírita que vamos encontrar o caminho para erradicar esses defeitos dentro de nós.

"Aquele que não encontra a felicidade senão na satisfação do orgulho e dos apetites grosseiros é infeliz quando não os pode satisfazer, enquanto aquele que não se interessa pelo supérfluo se sente feliz com aquilo que, para os outros, constituiria infortúnio." (Allan Kardec, em *O Livro dos Espíritos*. Livro Quarto. Capítulo I)

É ainda o codificador que nos ensina, em *O Evangelho segundo o Espiritismo*, Capítulo V, Bem-aventurados os aflitos: "O homem, pois, em grande número de casos, é o causador de seus próprios infortúnios; mas, em vez de reconhecê-lo, acha mais simples, menos humilhante para a sua vaidade, acusar a sorte, a Providência, a má fortuna, má estrela, ao passo que a má estrela é apenas a sua incúria."

É exatamente por isso que tais pessoas (vaidosos e orgulhosos) vivem numa atmosfera ilusória, criando uma barreira muito grande para entrar na realidade de seu mundo interior. Não conseguem fazer autoavaliação.

Todos nós, em maior ou menor proporção, somos vaidosos e orgulhosos, defeitos que se manifestam a todo instante. Não podemos mascarar nossos impulsos.

Precisamos, em primeiro lugar, ser tolerantes conosco. Se conseguirmos vislumbrar em nosso interior as características, ou algumas delas, de uma pessoa orgulhosa, vaidosa, já teremos conquistado um grande passo na nossa vida pessoal e na convivência com as pessoas que nos cercam. É preciso que identifiquemos esses defeitos em nós mesmos e aceitemos a necessidade de uma mudança comportamental.

Jesus nos recomendou a busca da verdade, porque só ela nos libertará. "Eu sou o caminho, a verdade e a vida." É a minha verdade que está em jogo. Não preciso e não devo viver de aparências.

A manifestação desses defeitos é muito sutil e quase não nos apercebemos disso. A recomendação do mestre é a oração e a vigilância. Estarmos atentos ao nosso falar, ao nosso pensar e ao nosso agir.

Se assim não agirmos, continuaremos uma vida ilusória, vivendo de aparências. No nosso íntimo somos totalmente diferentes. Entramos em contradição e em conflito com nós mesmos. Corremos o risco de nos tornar insensíveis, duros e amargos, criando um enorme bloqueio dos sentimentos mais puros.

Ao analisar a nós mesmos, sentiremos a necessidade de nos encontrar. Sejamos tolerantes conosco. Isso já é um bom começo.

Melindrar-se significa perder ótimas oportunidades de crescimento e aprendizagem, pois o melindroso não mais consegue distinguir o certo do errado.

Como o melindre é o movimento do orgulho e da vaidade, ele só serve para encobrir nossos desejos e atos egoístas. Como o melindroso se ofende por qualquer coisa, acaba ficando magoado e ressentido por longo tempo, pois só vê a maldade em todas as atitudes ou palavras que o contrariam.

Se alguém não o cumprimenta, seu primeiro impulso é julgar esta pessoa antipática ou mal-educada, sendo incapaz de pensar que ela agiu assim por vergonha ou timidez.

Se alguém não nos cumprimenta, é melhor pensar que não nos viu, por distração, ou que não nos reconheceu. Se nos vira o rosto, é porque está com algum problema. Se nos trata secamente, está infeliz. Se nos trata formalmente, deve ter suas razões. O melhor é pedir a Deus que o abençoe e que nos dê a sua paz.

No livro *A última grande lição*, o escritor Mitch Albom conversa com seu professor Morrie. Morrie tem uma doença gravíssima e transmite a Mitch a grande lição, que é o sentido da vida. Num trecho do livro ele diz: "Se você está querendo se exibir para as pessoas que estão por cima, desista. Faça o que fizer, eles olharão para você com superioridade. E, se você está querendo se exibir para os que estão por baixo, desista também. Elas o invejarão. Só isso. Posição não leva a nada. Só um coração aberto permite à pessoa flutuar em igualdade entre seus semelhantes. Faça aquilo que vem do coração."

Fazendo, não ficará insatisfeito, não sentirá inveja, não estará aspirando a bens que pertençam aos outros. Ficará assombrado com o que receberá de volta!

Os orgulhosos e vaidosos não encontram um sentido para a vida porque vivem iludidos consigo mesmos.

Morrie continua: "Ache um sentido para a vida: dedique-se a amar aos outros, dedique-se à sua comunidade, empenhe-se em criar algumas coisas que façam sentido e tragam significado à sua vida."

"O que nos traz satisfação é oferecer, aos outros, o que temos para dar." Assim, aconselho a leitura de *A última grande lição*, a lição do desapego ao orgulho e a vaidade.

> ***A grande viagem do espírito***
>
> A vida não espera
>
> Por onde você for o tempo não para
>
> O que ficou, ficou...
>
> O que se foi, passou...
>
> É a vida em perpétuo movimento. Somos viajantes eternos em nossas trilhas.
>
> Parece que somos passageiros na eternidade, mas a verdade é que somos eternos dentro do temporário.
>
> Somos o eterno movimento da vida que segue.
>
> Em a Natureza tudo passa! O traço característico da existência é a impermanência.
>
> As coisas mudam. Pessoas e situações vão e vêm em nossas vidas, entram e saem na esfera de ação do nosso viver. A vida é assim!

Está no livro do *Eclesiastes*: "Há um tempo para tudo, o amanhecer, o meio-dia e o anoitecer." Da mesma forma há um tempo para semear e para colher, nascer, viver, renascer e seguir.

Tudo passa.

O que marca é a experiência adquirida. As culpas e as mágoas também passam.

No rio da vida, as águas do tempo curam tudo, pois diluem no eterno as coisas passageiras.

As coisas estranhas que aconteceram, os dramas e as palavras que feriram, também passam.

Se você permitir, sim. Se permitir notará que o tempo leva tudo e que a vida segue.

Aquele ressentimento antigo ou aquelas emoções apagadas que, vez por outra, bloqueiam a sua alegria, fazem parte do que é temporário, mas você é imortal.

Essas emoções passam por você, mas que tal superá-las?

Que tal passar por elas, sem se deter, apenas ficando a experiência e seguindo a vida?

Sim, tudo passa mesmo! As estações se sucedem no tempo certo: primavera, verão, outono e inverno. Isso é natural. Como é natural o espírito imperecível entrar e sair dos corpos perecíveis. Como é natural seguir em frente, pois o tempo não para, e a vida segue.

E, dentro da Consciência Universal, Deus nosso Pai nos ama incondicionalmente e nos abençoa.

As experiências vão, o aprendizado fica. A evolução do espírito é inevitável. Todos estão destinados à evolução, mesmo que não entendamos isso agora. O processo é perene.

Tudo ao seu tempo! Enquanto evoluem e aprendem a arte de viver, sejam felizes e não se detenham até alcançar a meta.

Existir é um privilégio, e viver é maravilhoso.

Capítulo XIII

A festa da luz - Natal

Glória a Deus nas alturas e paz na Terra
aos homens de boa vontade.
Lucas 2:14

O nascimento de Jesus é celebrado e festejado em 25 de dezembro desde o século IV.

Na verdade, Jesus nasceu no sétimo mês do calendário judaico, na Festa de Tabernáculo[2], que ocorre na transição entre setembro e outubro. Então, seu nascimento deu-se em outubro, outono no Hemisfério Norte, pois as temperaturas no final do ano são muito baixas, com nevascas ocasionais na região de Israel. Seria impossível que os chamados Reis Magos viajassem pelo Oriente até Jerusalém numa época tão fria.

No dia 25 de dezembro, em Roma, existia uma festa pagã, conhecida como a festa da luz, em homenagem a Mitra, o deus persa. Embora os primeiros cristãos não

---

2. A Festa de Tabernáculo é uma das festas mais importantes para o povo judeu, assim como é a Páscoa. Faz com que eles se lembrem de seus antepassados quando saíram do Egito e vagaram pelo deserto durante quarenta anos, vivendo sob tendas. Tenda= Tabernáculo.

adotassem festas pagãs, a igreja católica entendeu que deveria cristianizar esta festa. Segundo alguns estudiosos, o dia 25 de dezembro foi escolhido para coincidir com essa festa. Em vez de proibi-la, forneceram um novo significado e uma linguagem cristã. "Jesus é a luz do mundo."[3]

A tradição da troca de presentes no Natal também veio de uma festa pagã, a Saturnália[4]. O Natal passou a ser uma festa do consumismo.

O aniversário de Jesus é comemorado em data errada e o aniversariante eventualmente é celebrado.

Por um erro de transposição de calendário (300 anos d.C.), é fato que Jesus deve ter nascido uns seis ou sete anos antes do que se afirma.

A realidade é que o planeta Terra, na época de dezembro, fica envolvido em vibrações harmoniosas. O coração dos homens se enriquece de mais tolerância, mais fraternidade, mais misericórdia, mais caridade, mais compaixão.

Independentemente de uma data específica, o verdadeiro motivo para se comemorar o Natal é nos lembrarmos que Jesus nasceu, viveu e ainda vive como o grande mentor dos habitantes do planeta Terra.

Nenhuma festa, nenhum presente, nenhuma pessoa, nenhuma religião poderá nos dar uma felicidade completa e eterna, como Jesus pode oferecer.

Vejam a última festa de Natal. Passou e, se voltarmos

---

3. Pesquisa de Alexandre Fonseca.
4. A Saturnália era uma festa pagã romana dedicada a Saturno. Era costume a troca de presentes.

ao local no dia seguinte, só haverá ecos das vozes que falaram na noite anterior. E o vazio da presença das pessoas que lá estiveram. Apenas restos pelo chão.

Buscamos desesperadamente a felicidade, e ela não foi encontrada, porque não encontramos sentido para nossas vidas. Voltamos para nossa casa, para o nosso quarto, mais tristes e solitários que nunca. Vamos aguardar outra festa de Natal no dezembro do próximo ano.

"Glória a Deus nas alturas e paz na Terra aos homens de boa vontade."

Não existem homens excepcionais, existem os de boa vontade. E esses são bem-aventurados.

Não fizemos no Natal a devida reflexão dos poemas de Jesus, que nos convida primeiramente a olhar para dentro de nós e verificar se o amor habita nossa alma.

Madre Teresa de Calcutá nos disse que as pessoas boas merecem o nosso amor, mas que as pessoas ruins precisam dele. Assim devemos amar, caso o amor habite nossa alma. Há outra frase dela que diz: "Me ame quando eu menos merecer, pois é quando eu mais preciso."

Florbela Espanca, falecida poetisa portuguesa, assim escreveu: "E se um dia hei de ser pó, cinza, nada, que seja minha noite uma alvorada, que eu saiba perder para me encontrar."

Não quero discordar da poetisa, mas acho que não precisamos nos perder para nos encontrar. Basta que sigamos as lições dos poemas de Jesus contidos nos Evangelhos. Esta é a verdadeira celebração do menino que ilumina estrelas, pois essas noites serão sempre alvoradas.

Cito, para me auxiliar, um texto de Paulo Roberto Gaefke:

> Talvez não seja mais preciso se perder para se encontrar. Talvez seja possível ir direto ao ponto, sem passar pelas dores. Encontrar resposta sem fazer tantas perguntas, amar sem tortura, perdoar sem demora, viver sem frescura.
>
> Há um ponto em comum entre todos nós: procuramos a felicidade em todos os instantes. E, por isso, muitas vezes erramos na dose, exageramos nas tintas e carregamos o ar com mau humor.
>
> E demoramos demais para perceber o óbvio. A vida é tão simples em toda sua complexidade. Não precisamos mais de dramas, nem de amores impossíveis. Precisamos, sim, nos amarmos profundamente para poder seguir o caminho cada vez que uma barreira se erguer.
>
> Seja o que for, de onde vier, como surgir, é preciso olhar primeiro para dentro de si e reconhecer sua necessidade de estar bem, para que o amor habite sua alma, sem se importar com o tempo, idade ou passagem.
>
> Sem se perder na imensidão dos pensamentos, encontrando-se livre em todo momento. Eis a vida, eis o tempo.
>
> Tempo que nos recorda sempre, e é bom ouvir, é tempo de ser feliz.

Festa da luz – Poesia suave de Jesus

Lição do desprendimento

"Olhai as aves do céu, não semeiam, nem ceifam, mas nosso Pai as alimenta todos os dias. Olhai os lírios do campo."

Lição da perseverança

"Aquele que põe a mão no arado e olha para trás não está apto ao Reino de Deus."

Lição da autoanálise

"Aquele que estiver sem pecado que atire a primeira pedra."

Lição da humildade

"Quando for convidado a uma festa, sente no último lugar."

Lição de servir

"Aquele que quer ser o maior, que seja o que mais serve."

Lição de delicadeza

"Aprendei de mim que sou manso e humilde de coração."

Lição da paz

"Reconcilia-te com teu inimigo enquanto estás a caminho com ele."

Lição do trabalho

"Saiu o semeador a semear sua semente."

Lição do retorno

"Para entrar no Reino do Céu é necessário nascer de novo."

Lição da firmeza

"Seja o nosso falar, sim, sim, não, não."

Lição da nobreza

"O filho do homem veio para servir e não para ser servido."

Lição da justiça

"Tratai a todos como gostaria de ser tratado."

Lição da resistência

"Vai e não peques mais."

Lição da fé
"Lázaro! Levanta-te e anda."

Assim é que eu gostaria de ver a comemoração da presença do filho de Deus entre nós, celebrando seu aniversário não nas festas, mas nas coisas simples, na lágrima, no afago, na ternura, na alegria pura, no trabalho honesto, no gesto fraterno, no poema que é a vida, tudo o que eleva e ilumina.

O resto continua o mesmo, o de sempre: uma festa pagã, com arremedo de cristianismo, onde Jesus é substituído por um papai noel qualquer. Iludimos e mentimos para nossos filhos que continuarão com esta tradição. Qualquer dia é um bom dia para festa, para a mesa farta e presentear um ente querido.

Queremos que as famílias mais pobres também festejem. Caprichamos nas cestas básicas e nos esquecemos de que precisamos nos alimentar todos os dias.

Lembremos a última ceia: "Tomai, comei e dai de comer a quem tem fome. Tomai, bebei e dai de beber a quem tem sede." E isso não deve acontecer só em dezembro, no fim do ano.

Vamos nos aproximar do menino Jesus da mesma forma que fizeram os Reis Magos. Como eles se sentiram diante daquela grandiosidade? Apenas ternura, pois o sentimento de ternura não macula nem invade a cena. Ela fica intocada. A ternura não faz parte da cena, e eles só podiam contemplar.

Que bom se víssemos o menino Jesus como o viu Alberto Caeiro, pseudônimo de Fernando Pessoa, falecido poeta português:

Num meio dia de fim de primavera
Tive um sonho como uma fotografia
Vi Jesus Cristo descer à Terra
...
Ele mora comigo na minha casa
Ele é a eterna criança, o Deus que faltava.
Ele é o humano que é natural
Ele é o Divino que sorri e brinca
É por isso que eu sei com toda certeza
Que ele é o menino Jesus verdadeiro
...
Ele dorme dentro da minha alma
E às vezes acorda de noite
E brinca com os meus sonhos
Vira uns de perna para o ar,
Põe uns em cima dos outros
E bate palmas, sozinho,
Sorrindo para o meu sono.
...
Quando eu morrer, filhinho,
Seja eu a criança, o mais pequeno
Pega-me tu ao colo
E leva-me para dentro de tua casa
...
E dá-me sonhos para eu brincar
Até que nasça qualquer dia
Que tu sabes qual é.

Penso que o Natal não é só tempo de festa de confraternização aparente. Penso que o Natal é tempo de declaração de amor para celebrar o presente; tempo de iluminar nosso rosto com um brilho de alegria e não de uma tristeza velada. Penso que o Natal deveria ser comemorado todos os dias, com tempo de vivência, de dizer sempre bem baixinho, do fundo do coração, para que ninguém escute e só a pessoa amada, querida: "Eu te amo", ou, como preferir, "Eu gosto de você", ou ainda simplesmente responder: "Eu também."

Vejo Jesus abençoando aqueles que se amam.

Feliz Natal! Meu sentimento é de ternura para todos vocês. Meu desejo de paz, pois sei que são pessoas bem-aventuradas, pois são pessoas de boa vontade.

Capítulo XIV

Cegueira do juízo

É maior a cegueira de ver uma coisa por
outra do que não ver nada.
Padre Antonio Vieira

Nossos corações de pedra se tornam corações de carne
quando descobrimos onde choram os renegados.
Brennan Manning

O capítulo X de *O Evangelho segundo o Espiritismo* aborda o sentido de justiça, que é base de toda a moral cristã. Pois que não dá margem a especulações, controvérsias e nem a disputas religiosas.

O item 11 diz: "Não julgueis, a fim de que não sejais julgados; porque vós sereis julgados segundo houverdes julgado os outros, e se servirão para convosco da mesma medida da qual vos servistes para com eles." (Jesus-Mateus, 7:1-2).

Os demais itens desse capítulo X nos convidam a uma reflexão e uma autoanálise - aquele que estiver sem pecado que atire a primeira pedra - e ao exercício da indulgência, que nos conduz ao perdão: perdoar setenta vezes sete vezes.

A lição é claríssima: se não quero e não gosto de ser julgado, não posso e não devo julgar ninguém.

Diante das ofensas devemos perdoar os inimigos, pois na verdade estamos perdoando a nós mesmos. Ao perdoar os amigos, damos a eles uma prova de nossa amizade; perdoar as ofensas é mostrar que nos tornamos pessoas melhores.

Antes de perdoar, procedemos a julgamento interior ou mesmo exterior, muitas vezes de forma acintosa. Esse processo interior de maturação das ofensas até o ato de perdoar é demorado, pois não se trata apenas de esquecer. O processo é lento, porque envolve o nosso senso de justiça.

No item que trata da orientação dos espíritos, José, espírito protetor, em mensagem ditada na cidade de Bordéus, França, 1863, ensina a sermos indulgentes, porque a indulgência atrai, acalma,reergue, ao passo que os rigores da lei, que ditamos, afastam e irritam.

Quando ofendidos, a maioria de nós, no primeiro julgamento, se afasta e se irrita. Atraímos a ira e a vontade de vingança. À medida que o tempo passa, conseguimos amenizar e drenar as emoções e sentimentos negativos e nos tornamos, aos poucos, mais indulgentes.

O processo é lento, porque, para perdoarmos, temos dois juízos a fazer e mais um juízo que devemos considerar com muita atenção e precisão.

No sermão do quarto domingo do advento, o padre Antônio Vieira, até hoje considerado o maior orador do Brasil, passados 400 anos, nos explica esses três juízos.

O primeiro juízo é o de Deus para com os homens, que deve ser desconsiderado.

O segundo juízo é o dos homens uns para com os outros.

O terceiro juízo é o juízo pessoal de cada um para consigo mesmo.

O juízo de Deus vem por apelação, pois chamamos por ele: "Perdoai as nossas ofensas assim como perdoamos a quem nos ofendeu." Queremos, pedimos a Deus que nos perdoe, mesmo sabendo desse condicionamento: da mesma forma como eu exerço o meu perdão. É assim que chamamos na oração do Pai Nosso.

É por isso que o juízo de Deus vem por apelação, e Ele não usa de julgamento. Deus é complacente, e seu amor é incondicional. É a própria indulgência, livre arbítrio, lei da ação e reação. Eis tudo.

O juízo de Deus nós revogamos, emendamos e desprezamos, porque somos muito magnânimos com nós mesmos.

O juízo dos homens para com os outros nos vem por agravo, e por isso não merece consideração. É pela maneira que julgamos que seremos julgados. Nossa única referência somos nós mesmos. E "nós" é que seremos colocados no outro prato da balança.

O juízo dos homens para com os outros não vem com os olhos vendados, mas com todos os sentidos livres: livre dos olhos, porque julga tudo o que vê; livre dos ouvidos, porque julga tudo o que ouve; o juízo de si mesmo (juízo pessoal), este vem por suspeição, e por isso de nada vale, pois somos condescendentes com nós mesmos; somos suspeitos por nossas avaliações internas.

Na Grécia antiga, no tribunal dos areopagitas (areópago era o tribunal supremo de Atenas, onde os homens eram levados a julgamento), os réus entravam e se mantinham com os rostos cobertos, vendados, para o juízo de si mesmos.

Entravam com os olhos tapados, porque não há juízo mais cego. A cegueira do juízo e do amor-próprio ferido ainda é muito maior que a cegueira dos olhos.

Percebemos agora por que perdoar, em juízo, é difícil e nos cobra muito tempo. Às vezes, tempo demais, às vezes tarde demais.

A cegueira dos olhos nos impede de ver as coisas, mas a cegueira do amor-próprio ferido faz com que vejamos as coisas diferentes do que realmente são.

Antes pela cegueira, por estar vendado, não via nada. Agora vê uma coisa por outra. É maior a cegueira de ver uma coisa por outra do que não ver nada: uma é decorrente da privação da visão e a outra é decorrente do erro.

Como o juízo próprio (julgar a si mesmo) sempre erra, acabamos por não nos conhecer.

Para conhecer-se, o homem precisa dos olhos, do espelho e da luz, interagindo no mesmo instante, em sincronia.

Faltando um desses elementos (olho, espelho e luz), o homem não se conhecerá, pois o olho é a nossa força de vontade; o espelho é a doutrina de Kardec, e a luz é a graça de Deus. Só assim vamos conhecer o nosso interior.

Se houver luz, basta que nos tirem a venda dos olhos e que nos coloquem um espelho nas mãos. E agora, o que vemos? Somos seres tão deploráveis assim? Um traste? É nisso que se resume a nossa vida? Ficamos solitários e repulsivos assim?

Claro que não. Para que possamos dizer "não sou",

precisamos antes dizer "eu sou." E eu sou criatura de Deus, com toda sua força e sua graça. Não sou um ser abjeto, rastejando pela terra. Sou um ser espiritual, passando por mais uma experiência humana, destinado à evolução, ao crescimento. Tudo é lição de vida.

Agora já estamos diante de nós mesmos. Infelizmente, em nosso interior, vemo-nos como nos convém. É preciso ver, de repente, o que nunca tinha visto, como num susto: ver-se a si mesmo, conhecer-se.

É que andamos tão pavoneados, arrogantes e presunçosos, que trazemos os olhos para fora, sem enxergar a nós mesmos por dentro.

Seria cômico se não fosse triste: para o nosso juízo pessoal, colocamos uma venda; para o juízo dos outros, abrimos os olhos e os ouvidos. Não deveria ser o contrário?

Revogamos o juízo de Deus, pois é o nosso coração quem julga. Para desprezar o juízo dos homens, tapamos nossos ouvidos. Para emendar o juízo de nós mesmos, fechamos os olhos.

Abrimos os olhos só para olhar o exterior, para ver os defeitos dos outros. Fácil julgar e condenar.

Fechamos os ouvidos, porque, de fato, não nos interessa ouvir o juízo dos outros a nosso respeito. Não nos interessa.

Como o juízo de Deus vem por apelação, pois assim clamamos por ele, nós mesmos o revogamos, porque não temos a medida para tal.

Deus não está preocupado com a nossa apelação, nem nosso clamor neste caso (da mesma forma como perdoamos). Deus nos deu o livre-arbítrio e por isso somos responsáveis por nossas próprias escolhas. O perdão não deve ser pedido a Deus. O que está feito está feito. Lei da ação e reação. Mais uma reencarnação perdida e voltaremos numa outra oportunidade com o propósito de mudar.

E por que não começar essa mudança desde já? Sejamos indulgentes: porque o processo é de evolução. Perdoar a nós mesmos não é fruto de nossa justiça pessoal, mas da vontade de mudança comportamental. Entender que somos filhos de Deus, que os outros são nossos irmãos e que somos humanos e sujeitos a erros. Somos perfectíveis, mas não perfeitos.

A recomendação do mestre é que "sejamos perfeitos como o Pai é perfeito". Não podemos viver carregando culpas e com medo de punições ou condenações, pois a cada dia basta o seu fardo, e o jugo do mestre é leve e suave.

Perdoemos com o coração e não apenas com os lábios. Sejamos misericordiosos com nós mesmos. Isso não significa que devemos acobertar nossos erros, com vendas nos olhos e tampão nos ouvidos. "Vá e não peques mais", disse ele à mulher que estava para morrer por apedrejamento.

Avaliar o juízo dos outros é impossível. Nunca vamos nos colocar em seu lugar para ver como agiríamos. O único juízo possível é o de nós mesmos.

O mais triste de tudo é que vamos carregando, por dias, meses, anos, mágoas e ressentimentos, enquanto o perdão não chega ao nosso coração.

"O perdão é o perfume que a violeta espalha sobre o pé de quem a esmaga." (Mark Twain)

Capítulo XV

Aprendamos a agradecer

Se aprendermos a agradecer, ficaremos impressionados como isto interferirá positivamente em nossas vidas.
Autor desconhecido

Certa ocasião, no trânsito intenso de São Paulo, eu me perdi. Não sabia onde me encontrava. Estava fora do meu itinerário e de meu destino quando um táxi emparelhou. Abri o vidro e perguntei ao taxista como deveria proceder para chegar ao endereço que queria.

Por sorte, o sinal estava fechado, e assim tivemos tempo para que ele me orientasse. O farol passou para o verde e já íamos arrancando quando minha companheira alertou-me:

- E as palavrinhas mágicas?

Tive de gritar. E o taxista ouviu:

- Muito obrigado!

Ele sorriu. Seguimos nosso destino. Com certeza nunca mais vou encontrá-lo, mas como fiquei agradecido de chegar ao lugar certo, graças à sua orientação!

O agradecimento, como escreveu Vanessa Oliver numa revista, não precisa, necessariamente, de palavras para existir. Um simples gesto já basta, como um aceno, um sorriso ou um olhar. É um sentimento que pode ser experimentado por todos nós: gratidão.

William Shakespeare definiu a gratidão como "o único tesouro dos humildes."

Antístenes, filósofo grego de Atenas, classificou-a como "a memória do coração."

A prática da gratidão traz uma série de benefícios, como um sono melhor, maior otimismo, mais energia e um melhor relacionamento com as pessoas. As pessoas gratas são mais felizes e têm menos tendência a sentir inveja, raiva, ressentimentos e arrependimentos.

Não nos custa um centavo agradecer, ser gentil e retribuir.

"A gratidão não é apenas uma virtude; é um estado de espírito. Não apenas um modo de vida, mas uma abertura da alma" - afirmou Robert Emmons.

Os efeitos do agradecimento têm retorno imediato. Ficamos contentes e proporcionamos contentamento aos outros que nos auxiliaram de alguma forma.

Se não pode dizer, acene. Se não pode acenar, sorria.

Os meios de comunicação nos surpreendem cada vez mais. Utilize a internet, utilize o celular. Tente agradar. Não custa nada, mas tem um valor inestimável.

Você já agradeceu a alguém hoje? Será que só a presença de alguém em nossa vida já não é um grande motivo para agradecer, sem ser galanteador? "Obrigado por você existir e fazer parte de minha vida, meu sol, meu prisma, meu rumo."

Se alguém está comigo é porque quer, e não por obrigação. Mas mesmo assim sejamos gratos.

Ninguém lhe deu um bom-dia? Ninguém o faz sorrir ainda agora?

Perceba, sinta a gratidão invadindo a sua mente. Faça a sua manifestação. Sorria, fale obrigado, acene com as mãos, faça um gesto qualquer.

Quem não compreende um olhar, não compreenderá mais nada. É pelo olhar que nos tornamos cúmplices, é pelo sorriso que nos despimos frente aos outros.

Alegria do agradecimento, quando dizemos: "Como vai?" "Estou preocupado com você!" Isso também é uma forma de agradecimento. Retribua com agradecimento. O outro está preocupado porque lhe quer bem! Não seja mal-agradecido! Está preocupado por quê? Sou digno de pena?

Faça apenas um exercício no dia de hoje. No momento em que você está lendo isto, pense em alguém que lhe tenha proporcionado algo de bom. Esposa, marido, um colega de trabalho, da faculdade (escola), que está sempre pronto e disposto a colaborar.

Agora ligue para alguém. Mande um e-mail, mande uma mensagem pelo celular, sei lá! Mas diga-lhe: "Obrigado, sou grato. Você é uma pessoa especial para mim."

Todos nós somos sensíveis e gostamos desse gesto de carinho, de gratidão. Teremos conquistado a simpatia de quem agradecemos. Usemos continuamente esta palavra: *obrigado*.

Lembremo-nos de que trabalhamos com pessoas e não só para pessoas. Se você exerce uma função de comando, agradeça a seus colaboradores. As empresas deveriam ter um novo holerite que não custaria nada aos seus cofres: o salário satisfação, de agradecimento.

Aprendi na minha carreira militar que as pessoas que trabalhavam comigo não recebiam seu salário de meus bolsos. Recebiam do Estado e, em última instância, de cada cidadão. Não eram, portanto, meus empregados ou meus subordinados. Ganhei admiração porque, ao pedir, não deixava de juntar à frase um "por favor". E depois agradecia com um "muito obrigado."

E isso não é só por educação, é também por uma disposição da alma. A grande lição vinha de Jesus: "Não vim para ser servido, mas sim para servir."

Dizem que os jovens e as pessoas de hoje são mal-educadas. Podem até ser. Mas penso que elas simplesmente não aprenderam a agradecer; isto deve partir de uma alma esclarecida.

O homem por ser bom não faz mais que sua obrigação. Mas como é bom ouvir: "Muito obrigado!" Comemoremos o Dia de Ação de Graças todos os dias.

Agradeçamos:

A Deus, à terra e ao ar que respiramos.

Ao fato de estarmos vivos, aprendendo e evoluindo espiritualmente.

Ao nosso corpo e a nossa mente, que é a morada de nossa alma.

Aos nossos pais, nossos filhos, nossos parentes, nossos amigos.

Aos nossos inimigos, que são contraponto em nossa vida e nos ajudam a crescer, amando-os e perdoando-os todos os dias.

Ao nosso trabalho, aos acontecimentos (alegres e tristes).

Ao garçom que nos serviu o prato; ao maitre que, com os cozinheiros, preparou o almoço; e a quem colocou a mesa. Milagres se repetindo.

Se estivermos adoentados, ou com dores, mentalizemos estas palavras: "Obrigado, meu Deus! Estou em processo de cura. Sinto que já estou sendo curado." A dor nos faz lembrar que estamos vivos. Mas é o amor que nos diz por quê.

Ao agradecer, libertamo-nos da insatisfação, da ansiedade, das preocupações, e conquistamos tranquilidade, alegria e paz interior. Santo remédio!

Ao reclamar, atraímos mais daquilo que não desejamos. A energia da reclamação sempre volta para nós de forma redobrada. Vai e volta.

Você já reparou como somos pessoas maravilhosas e o que já fizemos e conquistamos nesta nossa existência?

Obrigado por sermos quem nós somos. Assim é que é. Assim é que deveria ser... Nada é por acaso.

Não só recebemos um presente; mais tarde recebemos a lembrança de tê-lo recebido. "Obrigado" duas vezes.

Menos cobrança, menos ansiedade.

Mais autoestima, mais leveza.

O jugo do mestre é leve e suave. E é ele quem diz: – Vinde a mim todos vós que estais cansados e oprimidos, e eu vos aliviarei.

Enquanto agradecemos, nesse momento escutemos a música, cantemos a música:

> Senhor, meu Deus!
>
> Quando eu, maravilhado, fico a pensar nas obras de tuas mãos.

> No céu azul de estrelas pontilhado, o Teu poder mostrando a criação.
>
> Então minha alma canta a Ti, Senhor
>
> Quão grande és tu, quão grande és Tu. (bis)
>
> Quando estou a vagar nas matas e florestas, ouço o passaredo alegre a cantar.
>
> Nos montes, vales e campinas, em tudo vejo o Teu poder sem par.
>
> Então minha alma canta a ti, Senhor. Quão grande és Tu, quão grande és Tu!"

Obrigado ao compositor sueco Carl Boberg (1859-1940) por ter composto tão bela música de agradecimento a Deus.

Capítulo XVI

Assim caminha a Humanidade

A despeito de tudo, ainda temos que ter os ombros fortes,
para dar a quem neles precise chorar.
Autor desconhecido

O médico inglês, Ronald Gibson, certa ocasião iniciou sua palestra com quatro citações:

Primeira: "Nossa juventude adora o luxo, é mal-educada, caçoa das autoridades e não tem respeito pelos mais velhos. Nossos filhos são verdadeiros tiranos. Eles não se levantam quando uma pessoa idosa entra, respondem a seus pais e são simplesmente maus."

Segunda: "Não tenho mais nenhuma esperança no futuro do nosso país se a juventude de hoje tomar o poder amanhã, porque nossa juventude é insuportável, desenfreada, simplesmente horrível."

Terceira: "Nosso mundo atingiu seu ponto crítico, os filhos não ouvem mais seus pais. O fim do mundo não deve estar muito longe."

Quarta: "Esta juventude está estragada até o fundo do coração. Os jovens são simplesmente malfeitores e preguiçosos. Eles jamais serão como a juventude de antigamente. A juventude de hoje não seria capaz de manter nossa cultura."

A grande missão dos pais é educar para formar homens livres e de bons costumes. Mas não percam as esperanças, não se assustem, continuem o seu trabalho de construtores de homens. Parece que o mundo sempre foi assim.

A primeira citação é de Sócrates, que viveu de 470 a 399 antes de Cristo. A segunda citação é de Hesíodo, que viveu em 720 a.C. A terceira citação é de um sacerdote que viveu 2 mil anos a.C. A quarta citação foi encontrada em um vaso de argila nas minas da Babilônia, hoje cidade de Bagdá, com mais ou menos 4 mil anos de existência.

Estamos em 2014 d.C. e parece que nossa juventude está mais corrompida que nunca. Os jovens e as crianças parecem mais egoístas do que sempre foram.

Tive uma conversa com uma pessoa muito querida. Eu lhe dizia que estamos no terceiro milênio d.C. e que o mundo está sofrendo grandes transformações. Que o planeta está a caminho da regeneração e então deixará a atual condição, que é planeta de provas e expiações. Que talvez nós não vejamos essa transformação em sua totalidade, mas que o plano espiritual tem nos alertado para essa nova realidade. Ela discordou, mostrando-me as verdades, que, sem o saber, foram citadas pelo médico Ronald Gibson.

Discorri sobre o objetivo da encarnação (Capítulo II – Da encarnação dos espíritos) quanto à pergunta 132 de *O Livro dos Espíritos*, quando Allan Kardec interroga os benfeitores:

Qual o objetivo da encarnação dos espíritos?

Ao que eles respondem:

Deus lhes impõe a encarnação com o fim de fazê-los chegar à perfeição. Para uns é expiação; para outros, missão. Mas para alcançarem essa perfeição, têm que sofrer todas as vicissitudes da existência corporal: nisso é que está a expiação. Visa outro fim, ainda, a encarnação: o de pôr o espírito em condições de suportar a parte que lhe toca na obra da criação. Para executá-la é que em cada mundo toma o espírito um instrumento, de harmonia com a matéria essencial desse mundo, a fim de aí cumprir, daquele ponto de vista, as ordens de Deus. É assim que, concorrendo para a obra geral, ele próprio se adianta.

Ainda assim minha amiga teimava em afirmar que não via progresso algum no avanço da humanidade.

– Acontece – disse a ela – que Deus nos criou, a todos, simples e ignorantes, isto é, sem saber (Questão 115 – LE).

A cada um deu uma missão para, progressivamente, chegar à perfeição. Os espíritos foram criados nem bons, nem maus. Alguns aceitam, submissos, as provas que lhes estão destinadas; outros a suportam, reclamando dos pesares que lhes ocorrem na vida. Uns atingem a perfeição antes dos outros, em diversos níveis de crescimento espiritual. Os espíritos não degeneram nunca. À medida que avançam, de encarnação em encarnação, compreendem o que os distanciavam da perfeição. Os espíritos não passam pela fieira do mal, mas sim pela fieira da ignorância. Uns seguem o caminho do bem, e outros, o caminho do mal. Temos o livre-arbítrio.

Disse-lhe ainda que Deus não criou espíritos maus ou bons; criou-os simplesmente ignorantes.

Como o assunto é apaixonante e necessita de um estudo mais acurado, procurei encerrar a conversa.

Mas sabendo que, ao reencarnar, trazemos em nós mesmos (em nossa alma) as tendências e as reminiscências das encarnações anteriores, fiquei refletindo um pouco mais sobre o tema.

Tornamo-nos bons ou maus, e isto acontece por vontade própria. Deus nos amou primeiro, e, quando nos coloca novamente no ventre de nossas mães, nos ama mais ainda, se isso é possível, sendo seu amor incondicional. Mas ao nascer, ficamos à mercê de nossa família terrena e dependentes em tudo, mesmo ainda maduros. É aqui que reside a grande responsabilidade da família e de todos os que se aproximam de uma criança, porque uma nova reencarnação, uma nova existência a espera, para o seu crescimento moral e espiritual.

Tendências e reminiscências passam pelo crivo da educação e do livre-arbítrio. A pessoa com quem eu conversava também não me questionou mais, apenas afirmou que, parece, estamos cada dia mais vendo a degradação da família e a degeneração das crianças e jovens.

Hoje se fala tanto na vinda de espíritos mais desenvolvidos para povoar a Terra com mais paz e harmonia entre os povos. Uns chamam essas crianças de *geração índigo*. A verdade é que espíritos têm manifestado, através de alguns médiuns, informando que a transformação do planeta já vem acontecendo.

Avançamos muito em tecnologia e ciência, mas o avanço que precisamos é de ordem moral. A corrupção corre desenfreada e vivemos num mundo violento e hedonista (busca do prazer pelo prazer). Tudo está liberado. O silêncio dos bons é que incomoda a humanidade. Já disse em outra ocasião, plagiando Martin Luther King, que vivemos num mundo de alienados.

Deus nos deu a vida. Nossos pais são apenas colaboradores. Mas cada um tem que viver sua própria vida, em acordo com o livre-arbítrio, que pode nos conduzir a escolhas certas ou não. Às vezes, trilhamos caminhos tortuosos em busca de atalhos.

Os pais, os evangelhos, a doutrina espírita podem nos mostrar os caminhos, mas somos nós que temos que caminhar.

Os pais sabem que os caminhos já trilhados são os mais seguros, mas nossos filhos têm que escolher seus próprios caminhos. Eles querem ser assim, precisam ser assim. De nada adianta falar: "No meu tempo..." Podemos levá-los à igreja, ensinar-lhes o caminho do bem, mas não podemos fazer com que tenham fé. Tentemos infundir-lhes a fé, a esperança e a caridade, pelo exemplo.

Nós já sabemos que para os grandes tormentos não adiantam nem choro nem lamento. Melhor o abraço dos pais para o seu acalento.

Para as lágrimas da decepção e do desengano não adiantam lenços e comoção. Melhor o amparo e a ternura dos pais em nossos corações.

Para falar de amor, não adiantam belas canções e confissões. Melhor o coração disparado, olhos nos olhos, que tudo pode revelar num sorriso ou nas lágrimas dos pais.

Para a tristeza profunda o melhor é o silêncio acolhedor dos pais.

Para as dores dos amores não correspondidos só basta esperar o remédio do tempo. Essa espera é mais tranquila no colo da mãe e na compreensão do pai.

Alguns homens e mulheres são notados pela beleza, estilo, talento, profissionalismo, fama, papel que desempenham nos meios sociais, mas depois de certo tempo caem no esquecimento.

Outros homens e mulheres, por causa de sua fé, esperança e amor, não têm suas vidas registradas pela história. Viveram e vivem no anonimato, discretamente. Foram e serão simplesmente pais e mães e por isso serão lembrados para sempre.

Podemos mostrar aos jovens a diferença entre o certo e o errado, mas não podemos decidir por eles.

Podemos fazê-los bonitos por fora, tentar fazê-los bonitos por dentro através de nossos exemplos, mas tudo depende de cada um. Uns querem levar a vida sempre buscando vantagens, outros levam a vida com honestidade e trabalho árduo.

Podemos ensiná-los a compartilhar, mas não podemos torná-los generosos. Podemos ensinar o respeito, mas ser respeitoso não é só uma questão de ensinamento. É obra do coração.

O que não podemos fazer é empobrecer os projetos de Deus e os compromissos que cada um deles assumiu no plano espiritual, antes de reencarnarem, querendo que seus filhos sejam cópias fiéis de si mesmos (pais e mães).

Quem se aproxima de uma criança tem que se lembrar sempre: "Bem-aventurados os puros de coração, porque verão a Deus." A perfeição é ser puro de coração, e só quando formos perfeitos veremos a Deus.

Deixamos de ser puros de coração quando permitimos a malícia intrometer-se nele. Estamos vivendo épocas de grande malícia e, na nossa pequena visão, pensamos que a humanidade não está evoluindo e que nosso planeta continuará por muito tempo como lugar de expiação e provas. Assim, por nossa cegueira dos planos de Deus, ficamos desesperançados como esta pessoa muito amiga.

Muitos pais e mães se preocupam com o que seu filho será quando crescer. Isso pouco importa. Tenha a profissão que tiver, faça o que fizer, que ele seja feliz.

Sempre me recordo de um poema de Carlos Drummond de Andrade (diz respeito às mães, mas você, pai, deve se sentir incluído na homenagem).

Para sempre

Por que Deus permite que as mães se vão embora?
Mãe não tem limite.
É tempo sem hora.
Luz que não se apaga,
Quando sopra o vento
E a chuva desaba.
Veludo escondido
Na pele enrugada
Água pura, ar puro;
Puro pensamento.

Morrer acontece
Com o que é breve e passa
Sem deixar vestígio.

Mãe, na sua graça
É eternidade
Por que Deus se lembra
– mistério profundo
De tirá-la um dia?
Fosse eu rei do mundo
baixava uma lei:
Mãe não morre nunca,
Mãe ficará para sempre
Junto de seu filho
E ele, velho embora,
Será pequenino feito grão de milho.

Diante da beleza desse poema o que posso dizer? Meu poeta! Não há necessidade de baixar decreto, nem lei; ninguém morre nunca, muito menos os pais e as mães. Resta-nos a saudade e a esperança do reencontro. A vida continua em outro plano. Somos eternos e imortais.

Diante dos seus questionamentos, pessoa amiga, que mais poderia dizer? Que não veremos a mudança comportamental da humanidade; que só nos resta a esperança de um futuro melhor, mas que deve ser constituído a partir de nós mesmos.

Só posso dizer que nossos filhos são dádivas de Deus, como se fossem, mal comparando, vasos de porcelana que não aceitam água gelada, nem água fervente, e são os pais que devem dosar a temperatura da água, dependendo da personalidade e do temperamento de seus filhos (lembrando-se sempre que já nascemos com certas inclinações e tendências, que devem ser corrigidas no seu devido tempo).

Nem a água fervente da severidade, nem a água gelada da condescendência e extrema benevolência. É preciso saber dizer "não", vez ou outra.

Só posso lhe dizer que a missão é difícil, porque envolve emoção e sentimento. O fato é que temos que prepará-los para andarem com suas próprias pernas; ensiná-los o sentido da vida interdependente.

A severidade corrige falhas, mas é a doçura que trata e cultiva as qualidades de nossos filhos.

Diante de seu filho de aparência frágil lembre-se de suas responsabilidades.

Ensina-lhe a humanidade diante da grandeza da vida e o respeito a tudo e a todos.

Deus nunca nos abandonará!

Ensina-lhe que é fácil encontrar a casa pronta e a mesa farta.

Não nos assustemos com as citações de Ronald Gibson. A humanidade caminha lentamente e sem vontade: mas caminha. Nós também já fomos jovens um dia e não nos perdemos no caminho. No mundo há esperanças.

Confiemos em nossos filhos e nos filhos de nossos filhos e nos filhos de nossos netos.

Prudência e sabedoria, educadores! Aqui encontraremos o perfeito equilíbrio entre severidade para corrigir e docilidade para exaltar.

Capítulo XVII

Ingratos ou intolerantes?

Deus apenas espera, a busca deve ser de cada um de nós.

Autor desconhecido

São João em sua primeira carta, capítulo 4:8, assim se expressa: "Aquele que não ama, não conhece a Deus, porque Deus é amor."

Nós só amamos porque Deus nos amou primeiro. E mesmo quando deixamos de amar, ainda nos resta, de forma imensa, o amor restaurador do Pai.

Lucas, no capítulo 15 de seu evangelho, remete-nos a três parábolas magníficas, consideradas renovadoras. Todas têm o mesmo ensinamento: a alegria do encontro daquilo que se perdeu.

De cem ovelhas, uma se desviou.

De dez moedas, uma foi perdida.

De dois filhos, um abandonou a casa paterna.

A ovelha se desviou por descuido. A moeda foi perdida por negligência. O filho foi embora por ingratidão.

Nas três parábolas ressaltam-se uma busca (procura) e uma espera. O pastor busca (procura) a ovelha perdida. O dono da moeda busca por ela (procura). Ficam alegres quando encontram o que procuravam. O filho pródigo busca o perdão. Mas é aqui que reside a espera do Pai, que não sai em busca nem procura; simplesmente aguarda, espera o retorno. E quando isso acontece, Deus festeja.

Deus nos ama de forma incondicional. Nada cobra, nada busca, só aguarda. Só espera. Ele sabe de nossas limitações como seres humanos. Ele nos ama, mesmo que pecadores, mesmo que marginalizados na vida terrena. Ele se alegra no reencontro do que estava perdido, desgarrado, abandonado.

O reencontro se dá, ou se dará, na medida da compreensão da verdade e da evolução espiritual. Deus apenas espera, a busca deve ser de cada um de nós.

Dessas três parábolas, a que mais nos chama atenção é a do Filho Pródigo, por causa da desonra ao pai e a mãe.

O Evangelho segundo o Espiritismo, capítulo XIV, trata do "Honrai pai e mãe." A piedade filial (item 3) é a consequência natural da lei geral da caridade e do amor ao próximo, porque não se pode amar o próximo sem amar pai e mãe. Pai e mãe devem ser não só amados, mas principalmente honrados, colocados num pedestal. Por obra de Deus, da espiritualidade superior e a contribuição de nossos pais, estamos reencarnados. Existir, ser filho de Deus, é um privilégio; viver é maravilhoso!

A palavra honrar encerra um dever a mais: o da piedade filial, que inclui o respeito, as atenções, a submissão, a condescendência e a solicitude. E isso é muito mais que amar o próximo.

A lição principal, extraída da parábola do Filho Pródigo, não recai na ingratidão do filho que abandonou a casa paterna, do que não honrou pai e mãe, nem no seu arrependimento, no pedido de perdão, na volta ao lar, mas recai, sim, no amor do Pai, que o aguarda de braços abertos.

O arrependimento do filho ingrato, sua decisão de voltar à casa de seu pai nasceu de seu coração, de sua vontade. O arrependimento em si e o pedido de perdão são de grande valia. Enquanto estava na penúria, comendo restos da lavagem que dava aos porcos, lembrou-se de como era bom estar na casa do pai e de como era bom viver com acolhimento.

Voltaria, mesmo que fosse tratado como escravo, para a casa de seu pai. Mesmo desonrando pai e mãe, sendo ingrato e trilhando caminhos tortuosos, havia o amor restaurador.

A despeito do filho pródigo não valorizar o conforto do seu lar, nem de desfrutar da companhia do pai, da mãe e do irmão; a despeito de pedir sua herança de forma impensada, irracional, considerando o pai como se já houvesse falecido; a despeito de romper os laços familiares de forma radical e viver uma vida desregrada, dissoluta, esbanjando os bens herdados, sendo perdulário e pródigo; a despeito da ingratidão, não honrando pai e mãe, a despeito de regressar para casa como um mendigo, maltrapilho, o pai corre ao seu encontro, abraça-o e beija-o, renova e celebra sua volta com uma grande festa.

Que exemplo Jesus nos dá nessa parábola! Se um pai terreno se comporta dessa maneira, como se comportará nosso Pai Criador?

O homem que se encontra perdido, mas que busca sua reconciliação, sabe o valor do perdão, mas é sempre o amor que espera. Tudo procede de Deus. É Ele quem nos acolhe, nos chama e nos recebe com alegria. Recebido como filho que é, não como escravo, pois já conhece em parte a verdade e está liberto. E todos nós, cada um no seu devido tempo, retornaremos à casa do pai, mesmo que tenhamos que voltar várias vezes, reencarnando sucessivamente até apreendermos as lições sempre ensinadas, e sempre esquecidas.

O filho que voltou, voltou pelo arrependimento, pelo perdão e pelas lições aprendidas.

Uma ovelha que se desgarrou é procurada pelo pastor. E ele, o pastor que a busca. Se assim não fosse, ela continuaria perdida para sempre para ele.

Ela se desviou não porque se descuidou, mas porque o pastor se descuidou. Não estava vigilante nem orando.

A ovelha está perdida. O pastor poderia continuar com as outras noventa e nove. Mas ele a busca, não fica na espera apenas. O pastor age e se regozija quando a encontra. O mesmo acontece com a moeda perdida.

Mas conosco acontece de forma diferente, porque nós nos descuidamos, nós nos perdemos.

Não houve descuido de ninguém, e nem negligência quando a moeda se perdeu. Descuidamo-nos e nos perdemos justamente por não entendermos o significado do grande atributo que Deus nos deu: o livre-arbítrio. Somos os únicos responsáveis por nossas escolhas.

No fim dos tempos, do tempo de aprendizagem de cada um, cumpriremos a determinação de Jesus: "Sede perfeitos como o Pai é perfeito." Por enquanto, só engatinhamos em busca da perfeição: continuamos sendo ingratos.

Ainda no capítulo XIV de *O Evangelho segundo o Espiritismo*, item 9, recebemos as orientações e "Instruções dos

Espíritos": a ingratidão é um dos frutos mais imediatos do egoísmo, revolta sempre os corações honestos, mas a dos filhos com relação aos pais tem um caráter odioso.

Os seres humanos têm o sentimento de ingratidão porque esperam e se decepcionam muito uns com os outros. Deus não sente a ingratidão de Seus filhos, pois isso é um problema de cada um de nós, e sendo assim não se decepciona com os seres humanos. É amor; apenas aguarda.

Eu gostaria de citar as consequências que o desamor e o desamparo vêm produzindo em cada um de nós ao longo das reencarnações.

Disseram os espíritos superiores a Kardec que o contato incessante dos seres que se odiaram é uma prova terrível sob a qual sucumbem, às vezes, se sua vontade não é bastante forte. Assim, segundo triunfe a boa ou a má resolução, será amigo ou inimigo daqueles no meio do qual foi chamado a viver.

Vejam filhos abandonando os pais; pais abandonando seus filhos; sem nos atermos às violências horrendas praticadas todos os dias em muitas e muitas casas.

Mesmo com todas as mazelas, em alguns lares, de inimizade entre pais e filhos, estamos na família certa, convivendo com as pessoas certas, segundo nos trouxe Chico Xavier, pelo espírito Emmanuel. Hora de ajustes, hora de acertos, enquanto com eles caminhamos.

Ainda na parábola do filho pródigo, vejamos o outro filho, o que ficou junto aos pais. Não os abandonou, não exigiu herança, continuou trabalhando ombro a ombro. Honrou pai e mãe.

Mas quando chamado à festa pelo retorno do irmão, recusou-se a participar, porque guardava ódio e rancor em seu coração. Como seu pai podia dar uma festa para seu irmão, sendo que para ele nunca matara sequer um carneiro? Seu pai estava sendo injusto com a alegria que demonstrava.

O que dizer de sua intolerância?

O amor de Deus é renovador, restaurador, mas o amor dos homens é ainda um amor de cobranças, de toma lá, dá cá; amor que exige retorno, que gera ingratidão e o rompimento dos laços de família.

Os irmãos, o ingrato e o intolerante, devem ser amados e perdoados todos os dias, porque não estamos em seus íntimos e nada sabemos sobre eles, nem de um nem do outro. Não existe o pior, o pródigo ou o intolerante. Quem conhece nosso coração, somos nós mesmos, e só um julgamento é possível: o próprio.

Se estivéssemos no lugar do irmão que ficou, como nos comportaríamos? Seríamos mais tolerantes, perdoaríamos e participaríamos da festa? Quem sabe...

Todos nós estamos a caminho da evolução e dependemos, para isso, uns dos outros. A face, os olhos dos outros nos contemplam como um enigma. Minha face, meus olhos contemplam os outros como um enigma. Só nos resta contemplá-los em sua total liberdade, amando-os e respeitando-os como eles realmente são.

Porque o amor dos homens exige um conhecimento prévio. Sem conhecer, não amamos. Amamos porque conhecemos. Mas será que conhecemos mesmo o outro?

Sou pródigo ou intolerante? De uma forma ou de outra, Deus nos ama de forma incondicional. Espera que saiamos da ignorância. Busquemos a verdade.

(gravidez indesejada). São 168 abortos por hora. Ou 1.471.680 por ano!

Caso a lei seja aprovada, estaremos abrindo um caminho perigoso para essa prática. Hoje, dá-se porque o feto não tem cérebro... Amanhã, será por qualquer má-formação fetal ou gravidez indesejada. No mundo todo, segundo a Organização Mundial da Saúde (OMS), ocorrem cerca de 73 milhões de abortos por ano, o que demonstra o absurdo de 200 mil por dia.

O tema é complexo, porque envolve aspectos sociais, morais, éticos, legais, médicos e espirituais.

Os hebreus, séculos antes de Cristo, já possuíam leis que puniam quem praticasse o aborto.

Aristóteles, na Grécia, era contra o aborto, mas o admitia em casos de aumento populacional.

Todas as religiões do mundo são contra este crime hediondo, salvo os povos mais atrasados e incultos.

No conceito médico, o aborto é a interrupção da gravidez até a 20ª ou 22ª semana de gestação ou quando o feto pesa até 500g. Ou, ainda, quando mede até 16,5cm. A possibilidade de o feto sobreviver fora do útero nessas condições é quase nula.

O código de ética médica diz que toda a atenção do médico é para a saúde do ser humano, e por isso este deve indicar o procedimento adequado ao paciente, visando sua recuperação.

Essa ética parte do conceito básico de que a vida é o primeiro e maior direito natural do ser humano; portanto, o primeiro dever é preservar e defender esse direito.

A Igreja, primeiramente a católica e suas derivadas, sempre se posicionaram contra o aborto e estabeleceram normas contra tais práticas. São Basílio, no século IV, considerava que a alma era infundida no novo ser no momento exato da fecundação. Essa teoria era denominada *animação imediata*. Assim proibia o aborto em qualquer fase do desenvolvimento fetal. No encontro do espermatozoide com o óvulo, a alma já se fazia presente.

No século VI, com o Código de Justiniano, passou-se a considerar que o momento da infusão da alma só ocorria quando o feto adquirisse forma humana. Isto significava que enquanto a alma não estivesse infundida no novo ser o aborto poderia acontecer.

O Concílio de Trento (de 1545 a 1563) passou a adotar a teoria de que o movimento fetal intrauterino era a expressão da alma. O feto só teria alma quando a mulher sentisse os primeiros movimentos em seu ventre. Essa era a teoria da *animação mediata*.

Com Pio XI, a teoria da animação imediata foi restabelecida, e até hoje é a posição atual da Igreja Católica (dos cristãos) e dos espíritas.

Pela visão do espiritismo, todos nós, sem exceção, estamos aqui para passar por experiências que nos levarão ao crescimento espiritual. Não somos seres humanos passando por uma experiência espiritual, e sim seres espirituais passando por uma experiência humana.

Kardec pergunta:

– *Que consequência tem para o espírito o aborto?*

– É uma existência tornada nula e que terá que recomeçar – respondem os benfeitores espirituais.

– *Constitui crime a provação do aborto em qualquer período da gestação?* – retorna o codificador do espiritismo.

E os espíritos respondem, de forma taxativa:

- Há crime sempre que houver transgressão à lei de Deus. Uma mãe, ou quem quer que seja, cometerá crime sempre que tirar a vida de uma criança antes de seu nascimento, porque impede a alma de passar pelas provas que teria que passar para sua evolução. Esse corpo é o instrumento para seu crescimento espiritual.

Mas Allan Kardec insiste ainda na questão:

- Dado o caso em que o nascimento da criança coloque em risco a vida de sua mãe, haverá crime em sacrificar-se a primeira para salvar a segunda?

- Preferível é que se sacrifique o ser que ainda não existe a sacrificar-se o que já existe. Sacrificar um bem menor para salvar um bem maior.

Agora, a pergunta que não quer calar. Quando se inicia a vida? Existem oito teorias.

Teoria biológica - A vida começa na concepção, encontro do espermatozoide com o óvulo.

Teoria embrionária - A vida só começa na terceira semana da gestação, porque antes disso o embrião pode se dividir e dar origem a outros indivíduos.

Teoria neurológica - Se a morte é o fim das ondas cerebrais, então a vida é o início dessas ondas, o que ocorre a partir da oitava semana de gestação.

Teoria da nidação - A vida se inicia a partir do momento em que o embrião se fixa na parede do útero, o único local em que ele pode se desenvolver. Isso só acontece por volta de 40 dias da gestação.

Teoria ecológica - A vida só começa quando o feto pode viver fora do útero. Para isso é preciso que os pulmões estejam prontos, o que ocorre por volta da 25ª semana de gestação.

Teoria fisiológica - A vida só começa quando o indivíduo nasce e se torna independente da mãe, com seu sistema circulatório e respiratório.

Teoria metabólica - A vida é um processo contínuo, infinito. Portanto, não faz sentido discutir seu início, já que o óvulo e o espermatozoide são apenas o meio da cadeia vital.

Teoria do reconhecimento - A vida humana começa quando o ser humano reconhece a diferença entre si e os demais. E isso só ocorre ao longo dos primeiros meses. A anencefalia, nesse caso, não seria apenas um aspecto casual e destrutivo de uma programação transcendente, maior, que objetiva a ordem e a harmonia.

Divaldo, pelo espírito Joanna de Ângelis, fecha essa discussão. Para nós, seres espirituais, vige a lei da causa e efeito, como responsável legítima de todas as ocorrências, sejam quais forem.

Sabemos que o espírito só progride através de experiências de libertação e não de escravidão.

Será que alguns anencéfalos não foram os próprios responsáveis pela destruição de seus cérebros pelo suicídio?

Será que seus pais não são corresponsáveis? Necessitam viver num corpo, mesmo que a fatalidade, ao nascer, os devolva naturalmente ao mundo espiritual. Interromper o desenvolvimento no útero não traria mais um retrocesso em sua evolução?

Há todo um processo em andamento, que não compreendemos, de reparação, de recuperação da paz e do desequilíbrio antes destruído.

Capítulo XIX

Relacionamento e convivência

O amor, sem dúvida, é a lei da vida.
Emmanuel

Nós nos relacionamos e convivemos por interesse, compromisso ou envolvimento. Isolados ou concomitantemente.

Os relacionamentos apenas por interesse tendem a se esgotar quando o interesse de um ou do outro é contrariado. E entre os seres humanos sempre haverá conflitos de interesse. Por isso existem os tribunais de justiça.

Enquanto estivermos atendendo as expectativas dos interesses, os relacionamentos podem perdurar por um tempo. Viver sobre interesses é uma verdadeira servidão humana. Ceder, jamais!

Algumas pessoas não abrem mão de suas vontades, seus desejos, seus caprichos, suas ideias. Descer do pedestal de donos da verdade, jamais. Os interesseiros pretendem ter razão em tudo. E assim eles tornam a convivência um martírio, uma tortura.

Os relacionamentos por compromissos envolvem obrigações a cumprir. Se não houver boa vontade de ambas as partes, a convivência se tornará um fardo a carregar. Dará mais sofrimento que prazer. A tendência é acabar.

Realizar desejos dos outros, trabalhar e manter afinidades por obrigação, como compromisso, sem amor, torna-se um suplício. Tudo aquilo que fazemos por prazer, ao se tornar obrigação, compromisso, a qualquer hora pode virar tormento.

Os relacionamentos por envolvimento implicam afetividade, carinho, ternura, expressão dos nossos sentimentos e emoções, principalmente o amor, que é a lei da vida. Bem cuidada, a convivência desafiará o tempo, pois reinarão a paz, a harmonia e a concórdia.

O ideal nos relacionamentos e nas convivências de cada dia seria mesclar, com sabedoria, o interesse, o compromisso e o comprometimento.

No mundo corporativo, toda empresa quer que seus funcionários estejam compromissados e envolvidos com a organização, quando, na maioria das vezes, patrões e empregados estão em busca de seus próprios interesses.

Num relacionamento a dois, ou em família, o que deve prevalecer é o compromisso e o comprometimento, pois os interesses pessoais se tornam consequência da solicitude. Uns estão atentos às necessidades dos outros.

É na convivência, no relacionamento, que nós nos revelamos e mostramos a verdadeira face, quais são os nossos sonhos, nossos desejos, nossas intenções. O amor exige o conhecimento do outro. Conhecer é condição *sine qua non* para os relacionamentos e envolvimentos.

No livro *Encontro marcado*, de Fernando Sabino, logo no início, uma carta endereçada a Hélio Pellegrino:

"O homem, quando jovem, é só, apesar de suas múltiplas experiências. Ele pretende, nessa época, conformar a realidade com suas mãos, servindo-se dela, pois acredita que, ganhando o mundo, conseguirá ganhar-se a si próprio.

Acontece, entretanto, que nascemos para o encontro com o outro, e não o seu domínio. Encontrá-lo é perdê-lo, é contemplá-lo na sua libérrima existência, é respeitá-lo e amá-lo na sua total e gratuita inutilidade.

O começo da sabedoria consiste em perceber que temos e teremos as mãos vazias, na medida em que ganhamos ou pretendamos ganhar o mundo. Nesse momento, a solidão nos atravessa como um dardo. É meio-dia em nossa vida, e a face do outro nos contempla como um enigma.

Feliz daquele que, ao meio-dia, se percebe em plena treva, pobre e nu. Este é o preço do encontro, do possível encontro com o outro. A construção de tal possibilidade passa a ser, desde então, o trabalho do homem que merece o seu nome.

"Encontrar o outro é perdê-lo, é contemplá-lo em sua total liberdade."

Mas é só com o outro que nos relacionamos e convivemos. O outro não me pertence, nunca me pertenceu.

Isso significa que relacionamentos e convivências devem se nortear pelo amor.

O interesse é a satisfação de nossa vontade. O compromisso nos leva a uma convivência por obrigação. O envolvimento revela nossa fragilidade, na entrega ao outro, na contemplação de sua total liberdade.

Como unir satisfação, obrigação e fragilidade? Esse é o enigma, desafio para todos nós; uma luta contra a posse do outro.

A maior aventura humana não é pular de paraquedas, nem escalar o Monte Everest, nem visitar as pirâmides do Egito. A maior aventura humana é conhecer o outro; relacionamento, convivência e fragilidade.

Conhecer o outro, na convivência, é correr o risco de sofrer desenganos, desilusões, decepções, abandono. Mas pode ocorrer o contrário, encontrarmos uma pessoa maravilhosa, companheira e amiga, terna, carinhosa.

Amar não significa ter o outro para si. O outro é tão somente o companheiro de viagem.

Algumas vezes, pela pretensão de sermos donos, deixamos que o ciúme e a inveja, enraizando-se, destruam o relacionamento e a convivência. Há aqueles que querem controlar até o pensamento da outra pessoa, como foi cantado por Carlos Gomes numa de suas modinhas[5].

Estamos vivendo uma crise sem precedentes em nossos relacionamentos afetivos. Será que havia apenas nosso interesse?

Onde ficou o carinho, o afeto e a ternura? Evaporou-se pela falta de dinheiro, pelas pequenas implicâncias? Onde tudo se esgotou?

Quando sentimos carência afetiva, significa abandono, porque já não existe mais cumplicidade, já não há mais confidências. Passamos a viver por tolerar, pois não existe mais companheirismo em nosso envolvimento e em nosso compromisso. Esquecemo-nos que cari-

---

5. "Tão longe, de mim distante, onde irá, onde irá teu pensamento?" *Quem Sabe* – modinha de autoria do Maestro Carlos Gomes. Eu ouvia sempre, quando menino. (Nota do Autor)

nhos também se fazem com palavras, e que as nossas mãos ternas são apenas a extensão do nosso olhar.

O espiritismo não nos mostra um caminho novo, mas sim um jeito novo de caminhar. Mostra-nos que devemos contemplar o outro em sua total liberdade para uma convivência sadia e, em contrapartida, mostra a responsabilidade que devemos ter uns para com os outros. Corremos um sério risco de causar lesões afetivas naqueles com quem nos envolvemos e convivemos.

Emmanuel, no livro *Momentos de ouro,* ditado ao médium F. C. Xavier, alerta sobre lesões afetivas. Cito alguns trechos:

> Um tipo de auxílio raramente lembrado: o respeito que devemos uns aos outros na vida particular.
>
> Caro é o preço que pagamos pelas lesões afetivas que provocamos nos outros.
>
> Poucos são os companheiros encarnados que meditam nas consequências amargas dos votos não cumpridos.
>
> Não comeces um romance de carinho a dois, quando não possas e nem queiras manter-lhe a continuidade. O amor, sem dúvida, é a lei da vida, mas não será lícito esquecer os suicídios e homicídios, os abortos e crimes na sombra, as retaliações e as injustiças que dilapidam ou arrasam a existência de vítimas espoliadas do afeto que lhes nutria as forças, cujas lágrimas e aflições clamam, perante a Divina Justiça, porque ninguém no mundo pode medir a resistência de um coração quando abandonado por outro e nem sabe a qualidade das reações que virão daqueles que enlouquecem, na dor da afeição incompreendida, quando isso acontece por nossa causa.

> ... Porque um dia todos nós seremos chamados a examinar as semelhantes realidades, especialmente as que se relacionem conosco, que podem efetivamente ser muito amargas, mas que devem ser ditas.

O espiritismo nos ensina a buscar a alegria, sem chorar carências afetivas, porque nos diz que devemos amar sem esperar nada do outro, amar por amar. Ensina também que em nossa convivência e relacionamentos corremos o risco de sermos magoados e de magoarmos o outro. Não sairemos ilesos; e esta lição deve ser aprendida.

Chico Xavier, certa ocasião, disse que, se alguém o magoasse, ele ficaria triste. Mas que ficaria muito mais triste ainda se fosse ele quem tivesse magoado o outro.

Quando julgo uma pessoa por ser ingrata, é sinal de que esperei reconhecimento, e, assim, não andei por caminhos certos.

Que bom se fôssemos mais carinhosos e atentos às necessidades dos outros, pois a grande maioria das pessoas com quem nos relacionamos está de alguma forma enfrentando problemas maiores que os nossos. Esta é a recomendação dos espíritos superiores.

Lembremos que a nossa felicidade não depende dos outros e, sim, da qualidade dos nossos pensamentos, dos nossos sentimentos e das nossas atitudes diante da vida.

Se a convivência e o relacionamento estão se desmoronando, façamos uma reavaliação sobre o que está escrito acima. Desta forma podemos verificar quando a nossa paciência se esgotou e as nossas forças sumiram.

Recomecemos com um jeito novo de caminhar, pois todos nós estamos num processo de aprendizado. Reconheçamos, sempre, sem culpas, sem medos. Errar, acertar, cair, levantar são etapas necessárias à nossa evolução.

Já nos foi dito, várias vezes, que o outro que está contigo é a pessoa certa, na hora certa, na circunstância certa. Ele é necessário para o nosso crescimento. Deve ser amado e perdoado todos os dias.

Assim dito, tudo parece muito fácil, mas não o é. Imaginem a prova daqueles que convivem e se relacionam com alcoólicos, dependentes de drogas, birrentos, invejosos, ciumentos, maledicentes, mentirosos? Ficamos imaginando o processo de raiva que se transforma em mágoas e ressentimentos e depois vira uma tristeza sem fim, por causa desses relacionamentos... Ficamos imaginando como deve ser horrível tal convivência.

Imagine agora viver essa realidade com desprendimento, aceitação, tolerância, sem questionamentos ou culpando a Providência Divina! Que tal deixar de lado as tristezas de amor, tristezas de ausência de amor, tristezas justificadas ou injustificadas e nos entregarmos nas mãos de Deus, para que com Ele possamos conviver e nos relacionar?

Dentre todos os pecados, o maior é o desamor. É o brincar com os sentimentos dos outros, pois a lei da vida é a lei do amor. Quando um relacionamento/convivência se desmorona, é muito mais fácil culpar o outro pelo que está acontecendo.

Gostaríamos de culpar os outros pelas nossas covardias e impotências, pois as nossas decepções são mais amargas quando percebemos que nós mesmos somos os culpados.

É sempre o outro que nos impede de alcançar o sucesso na vida, na carreira profissional. É comum ouvirmos: "Minha vida sem você seria muito diferente". Será? "É por sua causa que deixei de realizar os meus sonhos". Será mesmo?

Culpando os outros, fica mais fácil mascarar a verdade, quando a verdade é que nós mesmos não paramos de trair os nossos próprios sonhos.

Perdemo-nos no caminho porque passamos a cobrar mais, exigindo do outro aquilo que ele não tem para dar e que muitas vezes também nunca recebeu. Para que haja um relacionamento e convivência saudável, não pode haver cobranças.

Mário Quintana, poeta gaúcho, já falecido, propôs novas formas de promessas num relacionamento a dois. Adaptei essas promessas para, sem permissão, inserir neste livro. O grande poeta, onde quer que esteja, peço que me perdoe, pois ele diz muito mais que isso.

> Prometo não deixar a paixão me fazer uma pessoa controladora, e sim respeitar a sua individualidade, lembrando-me sempre que você não pertence a mim e que está ao meu lado por sua livre e espontânea vontade.
>
> Prometo fazer da passagem dos anos uma via de amadurecimento e não uma via de cobranças por sonhos idealizados que não chegaram a se concretizar.
>
> Prometo que a palavra liberdade seguirá tendo a mesma importância que sempre teve em minha vida e que saberei responsabilizar por mim mesmo sem ficar escravizado e que saberei lidar com minha própria solidão.
>
> Prometo que seguirei sendo uma pessoa gentil, carinhosa e educada, que não usarei a rotina como desculpa para minha falta de humor.

Mas tomem cuidado com as promessas, pois elas nos amarram num futuro bem próximo. O melhor são as confissões de amor para celebrar o presente.

Capítulo XX

A espécie humana não é uma triste coisa

Somos seres em evolução.
Autor desconhecido

No item 6 do capítulo III de *O Evangelho segundo o Espiritismo* encontramos as seguintes citações:

> Espanta-se encontrar sobre a Terra tanta maldade e más paixões, tantas misérias e enfermidades de toda sorte, e se conclui disso que a espécie humana é uma triste coisa.
>
> A situação material e moral da humanidade terrestre nada mais tem que espante, inteirando-se da destinação da Terra e da natureza daqueles que a habitam.

No item 11 do mesmo capítulo (nas instruções dos espíritos) verificamos:

> Que em nosso mundo temos a necessidade do mal para sentirmos o bem, da noite para admirar a luz, da doença para apreciarmos a saúde, diferentemente do que acontece em planos de vida mais superiores que os da Terra, onde reina a felicidade.

Sabemos que vivemos num mundo de expiações e provas, e nisso consiste o nosso fardo de cada dia. E são exatamente as maldades, as más paixões, as enfermidades, as desavenças nos relacionamentos interpessoais de que se compõe o nosso fardo.

Mas o mestre Jesus nos consola e nos enche de esperança quando nos diz: "Vinde a mim, vós todos que estais oprimidos de trabalhos e sobrecarregados, e eu vos aliviarei. Tomai sobre vós o meu jugo, e aprendei de mim, que sou manso e humilde de coração, e achareis repouso para as vossas almas. Porque o meu jugo é suave, e leve é meu fardo"[6].

O mestre Jesus conhecia mais de nós do que ninguém. Conhece ainda a destinação dos que habitam a Terra, bem como da situação material e moral em que nos encontramos.

Sabendo que vivemos num mundo de expiação e provas, ele nos oferece seus ombros para aliviar nosso fardo. O mestre não nos julga. Para ele não somos inocentes ou culpados, e sim seres espirituais em busca da evolução.

No Sermão da Montanha, em determinado instante, Jesus nos convida a buscar acima de tudo o Reino de Deus e nos orienta a não nos preocuparmos com o dia de amanhã, porque o dia de amanhã terá que se preocupar consigo mesmo. Basta a cada dia sua pena.

Essas duas passagens do Evangelho referem-se ao fardo que temos que carregar em nossa existência terre-

---

6. Nos Evangelhos de Mateus - capítulo 11 (25-30) e de Lucas, capítulo 10 (21-22).

na, que se tornará leve se suportado no seu devido tempo e com um ombro amigo para nos aliviar.

Mas nós não procedemos assim. Esquecemos do ombro amigo de Jesus e insistimos em carregar fardos sobre fardos, acumulando as dores de ontem com as de hoje, que somaremos com as que sobrevierem amanhã. Como somos estúpidos!

É por isso que a espiritualidade superior não se espanta em ver tanta miséria sobre a Terra e se coloca a serviço do bem. Sabe da destinação da Terra e de nossas condições morais.

Para onde vai a escuridão quando acendemos uma lâmpada?

Para onde vai a doença quando buscamos a saúde?

A escuridão aparece tão logo se apague a luz. A doença nos surpreende quando descuidamos de nossa saúde.

Por que só aprendemos a dar valor à saúde quando a doença aparece? Por que ansiamos pela luz quando chega a escuridão?

Por que somos insensatos em buscar apenas coisas materiais e não estamos ocupados na busca do reino de Deus? Na medida em que evoluímos, habitamos as outras moradas na casa do Pai. O mestre nos disse que na casa do Pai há muitas moradas.

Se nós pretendemos a luz, façamo-la brilhar em nosso interior, para que também possamos iluminar o caminho das pessoas que nos cercam.

Se nós pretendemos gozar de saúde, cuidemos do nosso corpo, com uma boa alimentação e hábitos saudáveis.

Se fôssemos espíritos evoluídos, não teríamos a necessidade de comparações para adjetivar tudo ao nosso redor. Só teríamos a noção da luz e não da escuridão. Só saberíamos sobre saúde, só entenderíamos sobre o bem.

Como somos humanos em evolução, em estágios diferenciados de crescimento espiritual, necessitamos contrapor o bem sobre o mal, a saúde sobre a doença, a verdade sobre a mentira, a justiça sobre a injustiça.

Infelizmente é assim que vemos e sentimos em nosso mundo. Precisamos evoluir muito para compreender que não há o mal, que não há doença, que não há mentira, que não há injustiça, que não há ingratidão.

Tudo é ensinamento para nosso crescimento e evolução. Que, se tudo acontece em nossas vidas, há sempre uma razão de ser.

Por isso os espíritos superiores nos dizem que não devemos concluir que a "espécie humana é uma triste coisa." Eles não se espantam com isso, pois trabalham em nome do bem, em nome de Jesus, que a ninguém julga nem condena, mas oferece o ombro amigo e ajuda-nos a carregar nosso fardo.

Por sermos seres em evolução, conseguimos ver o lado negativo do que acontece em nossa volta, quando tudo é lição para aprendizado. Vemos maldade em tudo. Tudo tem sentido malicioso.

Há uma lenda que parece mais uma parábola.

> Conta que dois monges atravessavam uma área deserta e, diante de um rio violento, avistaram uma linda jovem que tentava atravessá-lo sem sucesso.
>
> Um dos monges, não sem dificuldades, atravessou o rio e, colocando a mulher em suas costas, conseguiu

chegar ao outro lado em segurança. A jovem o abraçou, agradecida, comovida com seu gesto, e seguiu viagem.

Retomando a jornada, o outro monge, que assistira a tudo calado, repreendeu o amigo, falando do contato carnal que houve com aquela jovem, da tentação de ter aquele contato mais direto com uma mulher, o que era proibido pelas suas leis. E durante um bom trecho do caminho esse monge falou sobre a jovem e sobre o pecado cometido. Até que o outro respondeu:

– Querido amigo! Eu atravessei o rio com a jovem e lá eu a deixei, mas você continua carregando-a em seus pensamentos.

Assim, a moral da história mostra como carregamos a maldade em nós.

Nenhum de nós carrega fardos maiores, pois recebemos apenas o fardo que podemos carregar. Muitos de nossos fardos já poderiam estar abandonados há muito tempo, em outras curvas da vida, mas insistimos em carregá-los. Levamos nossas dores e frustrações ao extremo. Dramatizamos e encenamos demais. Comparamos nossas misérias com as misérias dos outros.

Se alguém se queixa de uma dor, nós, em vez de ouvir para consolá-lo, desfiamos um rosário de nossas dores sobre aquele infeliz. Gostamos de competir até com quem sente mais as misérias do mundo.

Vejam o monge que só observou o outro ajudar a jovem a atravessar o rio. Não viu o bem que se fez, mas sim a malícia no gesto do amigo. Um ajudou e continuou seu caminho; outro só viu maldade em tudo. É que um espírito já estava mais evoluído que o outro.

Cada ofensa, cada contrariedade que sofremos, torna o nosso fardo mais pesado sob nosso ponto de vista. Não conseguimos perdoar e seguir adiante. Acumulamos peso demais em nossas costas.

Perguntem-se, cada um a si mesmo: Quais os fardos que continuamos carregando e que já não deviam estar conosco? Qual a dor que andamos revivendo?

Por que não conseguimos perdoar?

Paulo Roberto Gaefke convida a nos desarmarmos dos velhos pensamentos, do espírito da revolta, da tristeza. Diz que temos de seguir adiante em nossas jornadas nesta vida. Quanto mais leve nossa mochila, mais fácil será a subida rumo à evolução espiritual.

Não nos assustemos mais, nem nos espantemos de encontrar em nosso planeta tanta maldade e más paixões, tantas misérias e enfermidades. Não podemos concluir diante do que acontece que somos uma espécie ruim, uma coisa triste. Isto não significa que devemos nos tornar insensíveis ao que acontece no planeta, nem nos tornarmos indiferentes diante do sofrimento do próximo.

A seara espiritual nos convida ao trabalho para o bem, compreendendo nossos irmãos que continuam à margem da virtude cristã. Convida a evitarmos comparações desnecessárias, para entendermos que tudo é obra de Deus, nosso Pai, e por isso somos todos irmãos. Convida a sermos mais tolerantes e menos preconceituosos.

Atravessemos o rio da vida ajudando sempre, levantando o outro se preciso for, mas o deixemos caminhar e seguir sua própria vida.

O espiritismo não é um jogo de adivinhações. Quem passa por um problema é porque na outra encarnação fez isto, fez aquilo. Outro carrega um fardo porque disse isto ou disse aquilo. Esse é o grande enigma que não nos compete decifrar. Cada um, no seu devido tempo, receberá as informações que lhe disser respeito.

O espiritismo é uma seara de serviço do bem que nos ensina a necessidade e o direito que nos foi concedido pela reencarnação. Sem ela não há crescimento e evolução espiritual. E só assim deixaremos de ver maldade em tudo e compreenderemos que não há injustiça nas distribuições dos fardos.

Carregamos o que for preciso para o nosso crescimento. Se carregarmos peso a mais é porque ainda não aprendemos a perdoar e amar o próximo, como de fato ele merece ou precisa.

Todos, indistintamente, carregamos nossos fardos. O simples fato de habitar a Terra, aqui e agora, já é uma comprovação de nossa necessidade de evolução.

Se a malícia e a maldade não estivessem entranhadas em nós; se não precisássemos mais do escuro para perceber a luz, com certeza estaríamos em esferas e planos mais elevados.

Mas enquanto estivermos por aqui, vamos seguir nossos caminhos com dignidade, agradecendo o ombro amigo de Jesus.

Somos filhos de Deus. Ele nos ama incondicionalmente como nós somos.

Não somos coisas tristes. Não podemos concluir assim com o Pai misericordioso que temos, ainda que existam todas as mazelas em nosso planeta Terra. Consideremos também que dos espíritos aqui encarnados nem todos vieram para expiar.

Capítulo XXI

Para um mundo melhor

> As punições jamais trazem justiça, e as nossas confissões de culpa não tornam as coisas justas.
>
> *Cantinflas*

Penso em nossos filhos e nos filhos de nossos filhos. Que mundo estamos legando a eles? O que estamos construindo para um mundo melhor? O que o futuro lhes reserva?

Há uns 40 anos, assisti a um filme estrelado por Cantinflas, codinome de Mario Moreno. Este homem foi embaixador mexicano na Organização das Nações Unidas. No filme ele interpreta um personagem que faz um discurso aparentemente político, mas de uma grandeza espiritual que nos convida a refletir e a lutar na construção de um mundo melhor.

De minha parte, convido-os a ler esse discurso, do qual selecionei alguns trechos (já que hoje são de domínio público) para que leiam e se surpreendam com a atualidade dos conceitos abordados.

> (...)
>
> Ajude-nos respeitando nossos costumes, nossas cren-

> ças, nossa dignidade como seres humanos. Pratiquem a tolerância e a verdadeira fraternidade. Reconheçam-nos como somos, não apenas como cliente, ou como ratos de laboratório, senão como seres humanos que sentem, sofrem e choram.
>
> (...)
>
> Acredito interpretar o máximo anseio de todos os homens da Terra: o desejo de viver em paz, o desejo de ser livre, o desejo de legar aos nossos filhos e aos filhos de nossos filhos um mundo melhor no qual prevaleça a boa vontade e a harmonia.
>
> (...)
>
> Se apenas regêssemos nossas vidas pelas sublimes palavras, ditas há dois mil anos, por aquele humilde carpinteiro da Galileia, simples, descalço, sem revestimentos ou condecorações: – Amai-vos. Amai-vos uns aos outros... Mas infelizmente vocês entenderam mal, confundiram os termos. E o que fizeram? O que é que fazem? Armai-vos uns contra os outros!

Retiro desses três trechos a prática da tolerância e a verdadeira fraternidade, o desejo de viver em paz, o desejo de ser livre e reger a vida pelas sublimes palavras de Jesus.

Acontece que não existe nada de justo e perfeito num mundo injusto e imperfeito, formado por seres humanos imperfeitos. As punições jamais trazem justiça, e as nossas confissões de culpa não tornam as coisas justas. Só há justiça na graça de Deus e no exercício do perdão.

Para um mundo melhor precisamos compreender que a vida não é uma questão de oferecer recompensas pelo desempenho justo. Não é uma questão apenas de direitos, contratos, advogados, doença, riqueza, pobreza, poder. Nada disso diz respeito à paz, pois ela é fruto da justiça.

Para construirmos um mundo melhor, é necessário entender que Deus nos criou ignorantes, imperfeitos, para que ao longo de nossa jornada pudéssemos nos enriquecer e evoluir espiritualmente. Deu-nos o livre-arbítrio, para que sejamos responsáveis pelos nossos erros e acertos em sucessivas reencarnações.

Somos livres, mas não somos tolerantes nem sabemos viver fraternalmente. Desejamos viver em paz, mas não sabemos aplicar a justiça.

O que Deus espera é encontrar um espaço para penetrar em nossos corações. Só assim, com um coração brando, não de pedra, vamos conhecer o lugar onde choram os renegados e assim descobrirmos a tolerância e a fraternidade.

Um mundo melhor é um mundo onde não haja renegados a chorar, exatamente porque somos tolerantes uns para com os outros, e viver fraternalmente fica mais fácil.

Se quisermos legar um mundo melhor para nossos descendentes, temos que ser homens melhores. Vivenciarmos nossos direitos e aquilo que consideramos justo e perfeito. Pouco importa o nosso juízo sobre os outros ou o deles sobre nós. O plano espiritual tem outra forma de enxergar esses julgamentos. Nós não sabemos nada a respeito de ninguém.

Se quisermos deixar o mundo melhor, precisamos trabalhar com afinco. A vida contém todos os momentos possíveis. Nosso momento é o presente. Não precisamos estar em nenhum lugar senão aqui e agora.

Esperamos que no momento dos nossos filhos e dos filhos de nossos filhos, os homens não só continuem evoluindo no campo da ciência e da tecnologia, mas que cresçam no campo da moral e da ética.

Num mundo onde todos esperam levar vantagens, todos saem lesados, material e moralmente falando. Os ensinamentos de Jesus ficam relegados a um plano bem inferior. Somos gigantes no mundo da ciência e pigmeus no campo moral.

Um mundo melhor implica que os homens se mantenham sempre crianças, com o coração puro e a mente aberta, longe da ignorância, do preconceito e do fanatismo. Vivendo em plenitude, num mundo pleno de igualdade para todos.

Essa é nossa visão do futuro, mas ele se constrói nas nossas escolhas de hoje. Os bens materiais, a ciência e a tecnologia nos ajudam a ter qualidade de vida, dão-nos conforto, mas é bom lembrar que nem só de pão vive o homem (conforme ensinou Jesus). É preciso conquistar o reino de Deus. Nossa pátria não é aqui. Aqui é só um lugar de aprendizado. Há outras tantas moradas na casa do Pai.

É por isso que não devemos pensar como Fernando Pessoa, poeta português, que diz em seu *Livro do desassossego*: "No meu coração há uma paz de angústia, e o meu sossego é feito de resignação."

Sua afirmação é de uma pessoa triste e desiludida. Devemos pensar exatamente o contrário. Que em nossos corações reine sempre a paz, mas não a de angústia e sim a de contentamento; e que o nosso sossego não seja feito de resignação, mas sim de satisfação pelo dever cumprido.

E ele continua:

> – Pedi tão pouco à vida e esse mesmo pouco a vida me negou. Uma réstia de parte do sol, um campo próximo, um bocado de sossego com um bocado de pão, não pesar muito o conhecer que existo, o não exigir nada dos outros nem exigirem nada de mim. Isto mesmo me foi negado, como quem nega uma esmola, não por falta de boa alma, mas por não ter que desabotoar o casaco.

Vamos agir de outra forma. Essa é muito deprimente, muito pessimista.

Não basta saber que existimos, precisamos viver e ajudar na construção de um mundo melhor.

Peçamos tudo à vida e ela não nos negará nada. Nada recebemos porque nem sabemos pedir. Jesus nos disse que, se batermos à porta, ela se nos abrirá; que, se pedirmos, receberemos.

Queiramos não uma réstia de sol, mas todo ele.

Devemos pesar nosso conhecimento em relação ao que ainda iremos conhecer.

Jesus é quem diz que "Conhecereis a verdade e ela vos libertará", remetendo-nos, assim, a um futuro distante, pois ainda não conhecemos nada; já o "amai-vos uns aos outros" refere-se a um passado remoto e ao presente imediato, que nos conduz ao aqui e agora.

A verdade nos será revelada na medida em que estivermos prontos para entendê-la e aceitá-la. Mas como entendê-la se não somos ainda capazes do aqui e agora a que Jesus se referia, o amai-vos...?

Não exigindo nada de ninguém, estaremos nos vacinando contra a decepção e o desengano, mas devemos exigir muito de nós mesmos. Os outros não podem exigir nada de nós.

Nada nos será negado, pois a vida não é feita de esmolas e, sim, de conquistas.

Desabotoemos o casaco. De nada adianta ser uma boa alma, pois sem caridade não há salvação.

Acreditemos no amor, não como esmola, mas como entrega ao coração do outro.

Peçamos tudo, peçamos muito.

"Quando culpamos Deus pelo mal que nos acontece, não resta ninguém em que possamos confiar. Fica impossível viver assim. Se você não acredita no amor de uma pessoa, é impossível confiar nela", do livro *A travessia*, de William P. Young.

Só existe uma maneira de construir um mundo novo, um mundo melhor para nossos filhos e os filhos de nossos filhos: a vivência do amor.

Capítulo XXII

Sentidos, sentimentos e emoções

> A visita de Deus nas nossas vidas é como a ternura. Não pode ser explicada. Precisa ser vivenciada; cada um a seu tempo receberá a visita da ternura.
>
> *Autor desconhecido*

Percebemos o mundo que nos rodeia pelos sentidos. Sons, luz, imagens, odores, sabores e toques são registrados através da audição, da visão, do olfato, das papilas gustativas, do tato. O ser humano transforma essas sensações em sentimentos e emoções.

Por sentido, podemos estar nos referindo a diversas situações:

Estou sentido com você (estou magoado, ressentido, traído por você).

Ninguém entendeu o sentido de sua atitude (o intento, o objetivo).

Qual é o sentido de sua vida (rumo, norte, direção)?

Isso não faz sentido (não tem razão de ser).

Perdeu o sentido ou os sentidos (desmaiou).

Sentido! (estar atento, estar a postos).

Tome sentido (cuidado, cautela).

Mas o sentido a que nos referimos é o conjunto de funções orgânicas que nos põe em contato com o mundo.

A emoção, provocada pelos sentidos ou pelos sentimentos, e a reação intensa e breve do organismo a um lance inesperado, acompanhado de um estado aflitivo penoso ou agradável. Provoca com o choque o riso ou o choro. Ficamos impressionados, comovidos, entusiasmados. A emoção pode se desdobrar em sentimentos.

Já o sentimento que pode provocar emoção é o conjunto das qualidades morais da pessoa (positivas ou negativas). É a nossa capacidade de sentir, ter sensibilidade. Os sentimentos nos emocionam. Também podem nos levar às lágrimas ou ao sorriso.

Falamos em sentimento do dever cumprido: da satisfação em realizar determinada missão, trabalho ou tarefa. Sentimento religioso, patriótico, artístico (de ordem moral ou intelectual).

Mas nos referimos ao sentimento, àquilo que foge à razão, como o amor, o afeto, a ternura (de um lado); o ódio, a raiva, o ciúme, a inveja, como contraponto.

O sentimento só tem explicação quando vivido. Difícil teorizá-lo.

Amamos porque amamos. Ou odiamos porque odiamos. Não se define, mas se ressalta pelas nossas demonstrações exteriores, de virtudes ou defeitos (construídas pela personalidade das pessoas), como: paciência, bondade, generosidade, humildade, tolerância, entrega, sinceridade e delicadeza, como ensina Paulo na 1ª carta aos coríntios.

O sentimento sempre envolve a figura de outra pessoa; está direcionado a outra pessoa. Os olhos, então, falam o que a boca não consegue.

O sentimento é diferente dos sentidos, mas precisa dos sentidos para se emocionar.

Muitas mãos, às vezes, apalpam, mas não acariciam. Os olhos enxergam, mas não veem. Os ouvidos ouvem, mas não escutam. Cheiram, mas não sabem o odor.

Por isso, as decorrências dos sentimentos são diferentes. Olhemos apenas os dois extremos: o amor e o ódio.

Do amor: o afeto, a ternura, o carinho (no falar e no agir).

Do ódio: a agressão, a violência, o desprezo, ou seja, o que vai no íntimo das pessoas se revela apenas com o olhar. É só ver o que diz a ternura e o que diz a agressividade.

Que emoção sentimos quando somos amados?

Que emoção sentimos quando somos desprezados?

De um lado um bem-estar indescritível; de outro lado, um mal-estar também indescritível.

O que provoca o ciúme, a inveja? O que provoca o carinho e o afago, uma carícia? Ambas as situações podem provocar o choro ou o sorriso. Choro porque sou amado. Sorrio porque sou amado.

Ao entrar em um cinema e as luzes se apagarem, sabemos que se trata apenas de um filme; aquilo não é realidade. Dependendo do filme, sentimo-nos alegres, tristes... Sorrimos ou choramos, sentimos medo, pavor. Ao sair do cinema, já estamos lúcidos e voltamos à realidade. Essa é a diferença entre nós e os insanos. Eles saem do cinema, mas sua vida continua lá dentro. Vivem fora da realidade. Fuga de sentimentos e emoções. Uma arte da mente.

Esportes radicais provocam fortes emoções, turbulências de adrenalina, mas não despertam sentimentos.

Sensação passa, é emoção apenas, é momento, mas os sentimentos permanecem, expressam cumplicidade.

Alpinistas e navegadores empreendem suas aventuras exatamente para desafiar o perigo. É o perigo que lhes traz emoções.

De nada adianta convencer o Amyr Klink a cancelar sua viagem ao Polo Sul por causa dos perigos dos mares. É exatamente o que ele quer: o risco, o perigo.

O jovem não entra para o caminho das drogas por ignorar o perigo. Ele entra justamente para desafiar o perigo. "Comigo não vai acontecer nada, não ficarei dependente." Quer emoções.

Vejam! Emoções nem sempre evocam sentimentos. Podem até ser uma fuga para não querer em si mesmo os sentimentos. Quer tirar da cabeça aquilo que está em seu coração.

O sentimento desperta a ternura (tender - coisa tenra), que é coisa macia. Sentimento que constrói a si mesmo e aos outros: o amor.

Outros sentimentos menores nos destroem. E destroem a quem nos rodeia: o ódio.

Tomás, o médico no livro de Milan Kundera, *A Insustentável leveza do ser*, era homem de poucos sentimentos e curtia só emoções. Muitas amantes, que sistematicamente devolvia às suas casas, sem se prender a nenhuma. Com Tereza foi diferente. Ela chega inesperadamente. Não tinha onde dormir. Foi para o apartamento de Tomás. Ardia em febre. Ele não podia levá-la para casa. Estava doente, e ele era um médico. Não podia livrar-se dela como fazia com as outras.

Ajoelha-se em sua cabeceira; ocorre-lhe a ideia de que ela viera para ele numa cesta sobre as águas. Nenenzinho! Por causa dessa imagem ele se apaixonou, um sentimento novo, dolorido, que ele não conhecia. Não estava emocionado, mas possuído por uma ternura. Se não fosse médico e sim pintor, que quadro teria pintado?

O sentimento de amor, às vezes, pede um abraço, um beijo. O amor manda que entremos na cena, que façamos alguma coisa com a pessoa amada. Mas a ternura, vinda do sentimento de amor, exige que fiquemos de fora. A entrada em cena perturbaria a mansidão e a quietude do quadro.

Tereza está febril, dorme, carece de cuidados. Tomás pensa: ela nem sabe que existo, que estou aqui. Tereza, adormecida, provoca ternura. A ternura não deseja nada, senão contemplar. Mãos ternas, estas são extensão do olhar.

Foi assim que me senti ao ler este livro. Sem a malícia do erotismo. Foi assim que sentiu Rubem Alves quando definiu a ternura em sua crônica no livro *Sob o templo e a eternidade.*

"Se chorei ou se sorri, o importante é que emoções eu vivi", canta Roberto Carlos.

Falando sobre emoções e sentimentos, pois eu digo, contrariando o grande cantor, o "rei" Roberto Carlos: "Se chorei ou se sorri, o importante é que sentimentos eu vivi."

Escrevo enquanto ouço o "Coro dos escravos hebreus", da ópera *Nabuco,* mas fico pensando em Ravel que disse não ter medo de morrer, mas que queria viver porque havia tantas músicas para serem compostas. Não quero plagiá-lo, mas há tantos livros para serem lidos, sentimentos e emoções para viver!

No Capítulo XI, item 8, de *O Evangelho segundo o Espiritismo,* encontramos:

> O amor resume inteiramente a doutrina de Jesus, porque é o sentimento por excelência, e os sentimentos são os instintos elevados à altura do progresso realizado. No seu início, o homem não tem senão instintos: mais avançado e corrompido, só tem sensações; mais instruído e purificado, tem sentimento; e o ponto delicado do sentimento é o amor. Quando Jesus pronunciou esta palavra divina – amor –, ela fez estremecer os povos, e os mártires, ébrios de esperança, desceram ao circo.[7]

Procurem ler o texto todo.

"Chorem ou sorriam, mas vivam seus sentimentos."

Podemos estar privados de muitos sentidos. Ainda assim temos emoções e sentimentos que precisam ser respeitados.

---

7. Instruções dos espíritos. A Lei de amor.

Capítulo XXIII

Não há contradições no espiritismo

> Se houver contradição entre meus ensinamentos e os de Kardec, fiquem com Kardec.
>
> *Emmanuel*

Tão logo tomei conhecimento da doutrina espírita, senti uma divergência entre alguns pensadores e palestrantes espíritas no tocante à reforma íntima e desenvolvimento espiritual. Confesso que não percebo contradição entre os dois pensamentos.

Não vejo a reforma íntima como uma ideia de substituição de coisas, conserto, modificação em disposições internas, como numa casa, numa loja.

Vejo a reforma íntima como uma necessidade de mudanças comportamentais, de combate ao vício, aos defeitos e aos hábitos arraigados. Vícios podem ser vencidos, defeitos de caráter e personalidade podem ser transformados em virtudes (pois que é uma questão de formação - educação e instrução), os hábitos mais arraigados podem ser corrigidos e substituídos por hábitos mais saudáveis.

Vejo o desenvolvimento espiritual como o vê Herculano Pires. Enquanto procedemos ao preceito de Jesus "vigiai e orai", vamos concomitantemente nos desenvolvendo para a busca da perfeição. Oremos e vigiemos nosso comportamento, para conosco e para com os outros, atentos aos nossos defeitos, vícios e hábitos, para nos aperfeiçoarmos.

Reforma íntima e desenvolvimento espiritual, estas duas práticas caminham de mãos dadas. Não vejo contradições. Reformar uma casa, morando nela, é um problema sério.

Tirem suas próprias conclusões ao analisar o texto a seguir:

> O espiritismo não criou igrejas, não precisa de templos suntuosos e tribunas luxuosas com pregadores enfatuados. Não adota rituais, não dispensa bênçãos, não promete lugar no céu a ninguém, não confere honrarias em títulos ou diplomas especiais, não disputa regalias oficiais.
>
> Sua única missão é esclarecer, orientar, indicar o caminho da autenticidade humana e da verdade espiritual do homem.
>
> Se não compreendermos isso e nisso não nos integrarmos, estaremos sendo pedras de tropeço para os que desejam realmente evoluir. Não por fora, mas por dentro. E esse "por dentro" não quer dizer reforma, mas desenvolvimento das potencialidades do espírito.
>
> A teoria da reforma íntima é um engodo que levou muitos companheiros à vaidade adulteradora. Não há reforma para o que não se estraga.
>
> O espírito é o mesmo em todos e só necessita de uma coisa: desenvolvimento. Enquanto não desenvolver a sua capacidade de compreender, analisar, julgar, discernir e respeitar a verdade, não terá condições para modificar-se por dentro.

Mesmo porque essa modificação só pode ocorrer pelo esforço pessoal de cada um.

A expressão reforma íntima é inadequada, pois implica ideia de substituição de coisas, consertos, modificações em disposições internas – casa, loja...

As disposições internas do espírito correspondem ao seu grau de evolução, como nos mostram os livros de Allan Kardec.

O espírito é vida, e não arranjo. Seu desenvolvimento depende de experiências, estudos, tudo isso com a mente aberta para a realidade, e não fechada em esquemas artificiais.

Ninguém se reforma nem pode reformar os outros. Mas todos podem superar suas condições atuais, romper os limites em que a mente se fechou e transcender-se.

Os moldes de figurino espiritual são inócuos e até mesmo prejudiciais. A responsabilidade espírita é individual, cada qual responde por si próprio e não pode prender-se a supostos mestres espirituais.

Um espírita que se sujeita às lições de um mestre pessoal não é espírita; é um beato seguindo Antônio Conselheiro. O despertar da consciência na experiência é o caminho único do progresso. Ele não confia em palavras, mas em fatos.

Não busca a ilusão de uma salvação confessional, mas aprofunda-se no conhecimento doutrinário para saber por si próprio onde pisa e para onde vai.

Os que precisam de mestres não confiam em si próprios, fazem-se ovelhas de um rebanho. No espiritismo não há rebanhos nem pastores: há trabalho a fazer, afinidades a estabelecer entre os companheiros em pé de

> igualdade, toda batalha a vencer, há os pesados resíduos teológicos, supersticiosos e obscurantistas que esmagam a ingenuidade das massas. O espiritismo é uma tomada de consciência da responsabilidade do homem na existência da sua liberdade e da sua transcendência[8].

De minha parte concordo em quase tudo com o que nos diz o mestre Herculano Pires. O que teria levado Herculano a declarar que a teoria da reforma íntima é um engodo, quando ela apenas nos orienta quanto ao "vigiai e orai", para corrigirmos erros de percurso e buscarmos nosso desenvolvimento, tal como ele nos propõe?

Nunca, em tempo algum, ouvi dizer que podia me transformar, me reformar. Inteligentes que somos, entendemos que a modificação é trabalho pessoal, intransferível e que, realmente, só pode ocorrer pelo esforço pessoal de cada um. Enquanto fazemos este esforço, evoluímos.

O espírita se reconhece não por ser trabalhador de um centro (uma casa espírita), não por ser palestrante, não por ser assistido, mas pelo esforço que faz em tornar-se um ser humano melhor.

As palestras nos centros espíritas têm como objetivo a preparação dos participantes para os trabalhos mediúnicos e espirituais que serão realizados nas salas de passes. Essas palestras devem servir apenas como temas de reflexão e não como busca da conversão de ninguém.

---

8. Herculano Pires, *Curso dinâmico de espiritismo.*

Cada ser humano é livre pensador, e a palestra não tem o condão de transformá-lo em ovelha.

O palestrante que pensa ser um exemplo a ser seguido é mais equivocado do que os meros seguidores de Antônio Conselheiro.

Pobres daqueles que precisam de mestres. Pobre dos mestres que pensam ter seguidores.

De minha parte não sirvo de exemplo para ninguém. Não me sigam, pois posso estar perdido. Tenho apenas minhas convicções.

Herculano tem todas as razões para afirmar que ainda hoje existem montantes de lixos teológicos, supersticiosos, obscurantistas. O espiritismo não busca conduzir a massa ingênua; quer homens e mulheres como livres-pensadores.

Precisamos combater a superstição, o fanatismo, o preconceito e a intolerância.

Para mim, fica bem claro que não existem contradições no espiritismo: não há rebanhos nem pastores; há trabalho a fazer, o resto é a vaidade dos vaidosos. Tudo é questão de semântica.

Como já disse, não tenho a pretensão de ser escritor; as mensagens que trago são frutos de pesquisas, leituras e reflexões; gosto de guardar fragmentos daquilo que li e que servem para orientar e dar sentido à vida. Afirmo novamente: no conjunto, meus pensamentos são pobres e escassos. Leiam e tirem suas próprias conclusões.

Einstein, quando lhe perguntado se acreditava em Deus, respondeu: "Acredito no Deus de Espinoza, que se revela por si mesmo na harmonia de tudo que existe."

Se perguntassem a mim, responderia como Einstein. Nesse Deus eu acredito.

A religião e a espiritualidade[9]

A religião não é apenas uma, são centenas.

A espiritualidade é apenas uma.

A religião é para os que dormem.

A espiritualidade é para os que estão despertos.

A religião é para aqueles que necessitam que alguém diga o que fazer e querem ser guiados.

A espiritualidade é para os que prestam atenção em sua voz interior.

A religião tem um conjunto de regras dogmáticas.

A espiritualidade convida a raciocinar sobre tudo, a questionar tudo.

A religião ameaça e amedronta.

A espiritualidade dá paz interior.

A religião fala de pecado e culpa.

A espiritualidade diz: "aprenda com o erro."

A religião reprime tudo, fazendo-o falso.

A espiritualidade transcende tudo, e o faz verdadeiro.

A religião não é Deus.

A espiritualidade é tudo; portanto, é Deus.

A religião não indaga, nem questiona.

A espiritualidade questiona tudo.

A religião é humana, é uma organização com regras.

A espiritualidade é divina, sem regras.

A religião é causa de divisões.

A espiritualidade é causa de união.

A religião busca você, para que acredite.

A espiritualidade, você tem que buscá-la.

9. Texto do Prof.-doutor Guido Nunes Lopes

A religião segue os preceitos de um livro sagrado.

A espiritualidade busca o sagrado em todos os livros.

A religião se alimenta do medo.

A espiritualidade se alimenta na confiança e na fé.

A religião faz viver no pensamento.

A espiritualidade faz viver na consciência.

A religião se ocupa com o fazer.

A espiritualidade se ocupa com ser.

A religião alimenta o ego.

A espiritualidade nos faz transcender.

A religião nos faz renunciar ao mundo.

A espiritualidade nos faz viver em Deus; não renuncia a Ele.

A religião é adoração.

A espiritualidade é meditação.

A religião sonha com a glória e com o paraíso.

A espiritualidade nos faz viver a glória e o paraíso aqui e agora.

A religião vive no passado e no futuro.

A espiritualidade vive no presente.

A religião enclausura nossa memória.

A espiritualidade liberta nossa consciência.

A religião crê na vida eterna.

A espiritualidade nos faz consciência de vida eterna.

A religião promete para depois da morte.

A espiritualidade é encontrar Deus em nosso interior durante a vida.

O que é ser espírita?[10]

Ser espírita não é ser nenhum religioso; é ser cristão.

Não é ostentar uma crença; é vivenciar a fé sincera.

Não é ter uma religião especial; é deter uma grave responsabilidade.

Não é superar o próximo; é superar a si mesmo.

Não é construir templos de pedra; é transformar o coração em templo eterno.

Ser espírita não é apenas aceitar a reencarnação; é compreendê-la como manifestação da Justiça Divina e caminho natural para a perfeição.

Não é só comunicar-se com os espíritos, porque todos indistintamente se comunicam, mesmo sem o saber; é comunicar-se com os bons espíritos para melhorar e ajudar os outros a melhorarem também.

Ser espírita não é apenas consumir as obras espíritas para obter conhecimento e cultura; é transformar os livros, suas mensagens, em lições para viver a própria mudança.

Ser sem vivenciar é o mesmo que dizer sem fazer.

Ser espírita não é internar-se no centro espírita fugindo do mundo para não ser tentado; é conviver com todas as situações lá fora, sem alterar-se como espírita, como cristão.

O espírita consciente é espírita no templo, em casa, na rua, no trânsito, na fila, no telefone, sozinho no meio da multidão, na alegria e na dor, na saúde e na doença.

Ser espírita não é ser diferente; é ser exatamente

---

10 Do livro *Aprendendo a lidar com as crises* – de Wanderley Pereira

igual a todos, porque todos são iguais perante Deus.

Não é mostrar que é bom; é provar a si próprio que se esforça para ser bom, porque ser bom deve ser um estado normal do homem consciente. Anormal é não ser bom.

Ser espírita não é curar pessoas; é contribuir para que alguém trabalhe sua própria cura.

Não é tornar o doente um dependente dos supostos poderes dos outros; é ensiná-lo a confiar nos poderes de Deus e nos seus próprios poderes, as potencialidades que possui como espírito.

Ser espírita não é consolar-se em receber; é confortar-se em dar, porque pelas leis naturais da vida, é mais bem-aventurado dar do que receber.

Não é esperar que Deus desça até onde nós estamos; é subir ao encontro de Deus, elevando-se moralmente e esforçando-se para melhorar, sempre. (...)

Todas as religiões, apesar de todos os pesares, apontam caminhos. Mas somos nós que temos de caminhar, fazendo nossas escolhas e aprendendo com os erros.

Capítulo XXIV

O retorno para casa

Não busquemos atalhos.

O professor Rubem Alves, que partiu desta vida em julho de 2014, conseguia retirar dos livros grandes lições. Uma capacidade invejável.

Há anos, quando jovem, li *A história sem fim*, de Michael Ende. É um conto de fadas, cheio de magia, gnomos, unicórnios, de fácil leitura. Não é que Rubem Alves conseguiu, de um fragmento desse livro, mostrar-me o retorno para casa, o sair do mundo da fantasia para viver a realidade?

Nesta história, o menino Bastian Baltazar Bux está perdido no mundo da fantasia. Precisa voltar à realidade e se empenha nessa missão. Ele precisa voltar, retornar para casa, mas não sabe como.

Dizem a ele que, para retornar, precisa beber da Fonte da Água Viva. Para encontrar essa fonte e poder beber, ele tem que se lembrar de uma imagem de amor esquecida. Uma memória perdida.

Na busca dessa lembrança, ele chega à Mina das Imagens, onde estão todos os sonhos esquecidos. Na porta da mina encontra-se um guardião que lhe diz que, se ele quiser voltar ao seu mundo, é preciso amar, buscar uma imagem de amor.

Bastian acredita que isso será muito fácil. Mas o guardião lhe diz que a Fonte da Água Viva lhe fará uma pergunta: Quem? E se ele não for capaz de responder à pergunta, não poderá beber da água da fonte e, assim, não poderá retornar para sua casa, para a sua realidade.

Bastian passa a vasculhar a Mina das Imagens Perdidas. No começo surgem lembranças sem dor nem saudades. Imagens que moram na superfície, ao alcance dos olhos e das mãos, imagens corriqueiras. Ele volta, desolado, mas o guardião o incentiva a buscar nas profundezas da mina. Assim, ele acende sua tocha e clareia o caminho ao fundo. Vasculha um pouco mais, até que surge um quadro novo, diferente, esquecido, com um sentimento dolorido como a ternura e a saudade.

Lembra-se de sua mãe doente em estado terminal. Lembra-se da agonia e da impotência de seu pai, um dentista, que nada pôde fazer diante da morte, daquilo que é inevitável. Ele amava sua mãe e ama o seu pai.

Como era criança, não conseguia perceber a tristeza de seu pai, seu isolamento após a morte de sua esposa. Seu pai se transforma num homem distante, olhando o vazio em sua volta. Bastian não existia para ele.

Fazer seu pai se reencontrar como ser humano era a grande missão de Bastian Baltazar Bux.

E, assim, diante da imagem de amor resgatada do esquecimento, ele conseguiu responder "Quem", beber da água da Fonte da Água Viva, sair do mundo da fantasia e retornar ao seu lar, à sua realidade.

Quero que vocês perguntem a si mesmos quais as imagens esquecidas de suas saudades; quais os quadros que deixaram marcas profundas em suas vidas. Qual o sentimento novo, dolorido como a saudade, a imagem de amor que vocês precisam resgatar?

Todos nós estamos em busca do caminho de volta à Pátria Espiritual.

Aqui é o mundo da fantasia, das ilusões. Nossa pátria verdadeira não é aqui. Para regressar, temos de beber na Fonte da Água Viva.

Mas onde e como nos desviamos do caminho, buscando atalhos para uma vida de mais fantasias e ilusões?

No Evangelho de João (4:4-42), ele nos diz que Jesus, ao deixar a Judeia, deveria atravessar o território da Samaria. E é na borda do poço de Sicar que o mestre tem uma conversa estranha com uma mulher samaritana, que ali fora buscar água.

> Jesus lhe diz:
>
> – Dá-me de beber.
>
> Retrucou a mulher:
>
> – Como é que tu, sendo judeu, pedes de beber a mim, uma samaritana? (os judeus não conversavam com os samaritanos).
>
> Responde-lhe Jesus:
>
> – Se conhecesses o dom de Deus e quem é este que diz "Dá-me de beber", tu é que lhe pedirias, e ele te daria a Água Viva!

> – Senhor! – observou a mulher – nem bilha tu tens, e o poço é profundo. De onde vós, pois, apanharia a água viva? Serás tu maior que nosso pai Jacó, que nos deu esse poço, do qual bebem ele, seus filhos e seus animais?
>
> Respondeu-lhe Jesus:
>
> – Todo aquele que bebe dessa água terá sede de novo; mas aquele que beber da água que eu lhe der não voltará jamais a ter sede; a água que eu lhe der transformar-se-á nele em fonte de água viva, corrente, até a vida eterna.
>
> – Senhor! – suplicou a mulher – dá-me de beber dessa água, para que eu não tenha mais sede.

A imagem esquecida é uma imagem de amor, e sem amor não haverá espiritualização. A Fonte da Água Viva é o próprio ensinamento das leis de Deus pelo mestre Jesus. Ele próprio o afirmou.

Mas não basta chegar à Fonte. O mestre vai perguntar: Quem? Se não soubermos responder, não poderemos beber dessa água viva.

O mestre nunca nos pediu que amássemos a humanidade, mas tão simplesmente o próximo.

Sem saber "Quem", continuaremos a viver num mundo de ilusões e fantasias. Passaremos pelo mundo, existiremos, mas não viveremos em plenitude.

Nossa casa não é aqui, estamos de passagem e precisamos saciar a sede, não do organismo, e sim do espírito.

O nosso caminho até a fonte de Sicar, em território inimigo, lembra nossas desavenças, mágoas e ressentimentos. Como pedir a Água Viva, se não temos o paraíso em nossos corações?

Isso nos leva a mais ensinamentos de Jesus.

Primeiro a conversa com Nicodemos: "Quem quiser ver o reino de Deus tem que nascer de novo."

Precisamos entender o sentido da reencarnação para nossa evolução espiritual, até que a Água Viva possa ser bebida.

Em segundo, vêm as mensagens, as bem-aventuranças, ressaltando uma especificamente: "Somente os puros de coração verão a Deus."

Em que ponto da jornada nós deixamos nos contaminar pela malícia? Em que ponto nós perdemos a pureza, como a que vemos numa criança?

Em terceiro lugar o complemento da pureza de coração: "Deixai vir a mim as criancinhas, pois delas é o reino dos Céus."

Pureza no pensar, no falar, no agir. Só assim vamos encontrar a Fonte da Água da Vida, a Água Viva. Voltar para casa com a missão cumprida: Amei.

Muitas pessoas procuram o caminho nas diversas religiões, inclusive no espiritismo.

Certa ocasião, o escritor e jornalista Arnaldo Jabor, quando perguntado que religião ele considerava a melhor. Ele respondeu:

- É aquela que mais te aproxima de Deus. Aquela que te faz melhor, que te torna mais compassivo.

As religiões são importantes, todas indicam o caminho para Deus. Mas nenhuma religião pode caminhar por nós. Cada um tem que seguir o caminho traçado em busca da verdade, em busca de evolução. É preciso tomar a cruz e seguir, não parar para lamentos e reclamações.

A vida não começa com uma chegada e não termina com uma partida. Ambas fazem parte da vida. É como o sol que desponta na madrugada e termina no entardecer, para renascer no outro dia e seguir seu curso. A madrugada é alegre, o entardecer é triste, final das luzes e das cores. Madrugada e crepúsculo, alegria e tristeza, chegada e partida. Tudo é parte da vida.

Estar diante da vida e da morte tem o mesmo significado. Tudo é vida se entendermos que não há morte.

A vida consiste na busca da Mina das Imagens, de viver com amor, saber responder "Quem", se amou. Beber da Fonte da Água Viva.

Aquele que nasce, não está sozinho. Vem ver a luz.

O que se despede, não está sozinho. Vai ver a luz.

É só despedida, não é o fim. Um até-breve, até um breve retorno.

Por isso não devemos buscar atalhos. A porta é estreita, e o caminho é difícil. Já nos disse Jesus.

Quando nos perguntarem: "Quem?", já saberemos responder. Já vasculhamos nossas gavetas e descobrimos quem nós amamos de verdade.

Que bom poder sair deste mundo de fantasias e voltar à realidade: nossa Pátria Espiritual.

Estamos nos desviando do caminho porque buscamos os tesouros da Terra, deslumbrados pela riqueza, pela fama, pelo poder. Isto é ilusão, tudo é passageiro, e não levaremos nada conosco. É preciso buscar os tesouros do reino de Deus, que se conquista com o amor.

Os caminhos estão a nossa frente. Resta-nos caminhar e não sentar à beira para chorar e lastimar. Não busquemos atalhos de facilidades, pois o retorno ao caminho de retidão será mais difícil.

O mais importante[11]

Foi há três anos. A ex-governadora do Texas (USA) assistiu a mãe doente até o seu estágio terminal.

Acompanhando-a dia a dia, observando como a doença ia minando suas forças físicas e preparando aquele corpo para a morte, Ann Richards viu a drástica mudança que sua mãe sofrera.

Era uma mulher que passara a vida inteira obcecada por cristais lapidados, baixelas de prata, toalhas de renda, porcelanas e joias, que colecionava com extremo cuidado.

À medida que a doença ia lhe consumindo as energias vitais e falando-lhe que a morte era iminente, tudo aquilo deixou de ser importante. Para ela só importavam agora as visitas, a família e os amigos.

A mudança foi radical. Depois da morte da mãe, Ann Richards resolveu se livrar de todas as antiguidades, que, mais uma vez, tinham feito com que atribuísse maior importância a esses objetos do que às pessoas.

Montou um bazar na garagem. Num só dia, tudo foi embora. Vendido. E a ex-governadora concluiu: "Aprendi que para dar valor ao presente, preciso me livrar daquilo que me detém. Hoje não hesito diante de nada. Nada é mais importante na vida do que as pessoas. As coisas têm o valor que lhes damos. E o valor muda com o tempo e as convenções sociais."

Em tempos antigos, o sal era tão precioso que se pagavam os funcionários com ele. De onde surgiu a palavra salário.

11 Da *Redação de Momento Espírita*, programa de rádio da Federação Espírita do Paraná, FEP, de 12/01/2013

Depois os homens foram convencionando, no transcorrer do tempo, a considerar esse ou aquele metal mais precioso. De um modo geral, aquele mais raro no momento.

Hoje a preocupação é ter o carro do ano, tapetes importados, roupas de grife. E existem pessoas que fazem coleções de objetos, livros, perfumes. O importante é amontoar, ter bastante para mostrar com orgulho, como se fossem troféus.

No entanto, quando a enfermidade chega, quando a solidão machuca, nenhum objeto, por mais precioso, por mais que o prezemos, conseguirá espantar a doença, diminuir a solidão.

São as pessoas com seu carinho, sua ternura, seus gestos simples, traduzindo amizade, ternura, afeição que nos conferem forças para aguentar a dor e espantar a solidão.

São pessoas que nos dão calor com seu aperto de mão, seu abraço, sua presença, seu olhar. São as pessoas que fazem a grande diferença em nossas vidas.

O afeto é como o Sol. Surge silencioso e ilumina tudo com seus raios, espalhando luz e calor.

Ninguém pode viver sem afeto. Pode ser o amor de marido, de esposa, de irmão. O carinho de um amigo que se candidata a tutor de nossa vida afetiva. A ternura de alguém com quem nos encontramos na jornada das dores e que nos oferece as flores delicadas de sua atenção.

De tudo o que há na Terra para se gozar, nada faz mais feliz o homem do que o amor que recebe, o amor que compartilhe, o amor que doe.

Dar de si[12]

Em muitas oportunidades, devido ao verniz social e à facilidade de se colocar em posição de destaque pela capacidade do intelecto, deixamos de valorizar o que realmente importa em nossas oportunidades encarnatórias, essa coisa tão simples e tão complicada que é o dar de si.

Aprendemos que apenas podemos dar aquilo de que dispomos, sendo então necessário encher nosso vaso espiritual com os humores de nossas experiências boas e más.

Dar de si é contribuir com o que nos torna melhores, não o que podemos fazer com mais facilidade.

Dar de si é disponibilizar as suas melhores energias para que o plano maior as utilize da melhor forma.

Dar de si é reconhecer no próximo o doente necessitado, o caído que deve ser socorrido, aquele a quem Jesus nos recomendou atender com caridade.

A doação não é só física ou intelectual; tem de ser doação de seu amor, reconhecendo o quanto Deus já nos deu, o quanto então podemos dar de nós.

A forma que escolher de seguir a vida determinará o quanto de tranquilidade poderá amealhar para si.

Lembre-se da passagem do agricultor que mandou derrubar os seus celeiros para poder armazenar mais sacos de sua colheita.

12 Mensagem dirigida ao autor, psicografada pelo médium Fortunato na noite de 17 de março de 2011, no Grupo Socorrista Maria de Nazaré, Boituva, SP.

Não se apegue ao mais provável. Apegue-se às grandes possibilidades do amor. Para tanto, basta dar um pouco de si.

Bernardo

Capítulo XXV

Um único mandamento

> Por ser exato o amor não cabe em si. Por ser encantado, o amor revela-se. Por ser amor, invade e fim.
>
> *Djavan*

Os princípios divinos para melhorar nossos relacionamentos consistem em vivenciar os Dez Mandamentos, consubstanciados em uma única Lei, conforme nos ensina o pastor Loron Wade.

Vivemos num mundo conturbado por violências, intolerância e preconceitos. Grande parte da humanidade caminha pela ignorância e pelo fanatismo em seus diversos matizes ideológicos e de fundo religioso.

Examinemos a face do planeta: como desenharíamos o seu rosto? Sorridente ou triste? Preocupado, temeroso ou descontraído? Cheio de esperança ou derrotado? Como seria sua face?

Enquanto tentamos imaginar a fisionomia do nosso planeta, em uma casa o marido está espancando sua mulher. Escutamos o barulho, seus gritos e o choro das crianças. O homem está embriagado e exige coisas que a mulher não tem e por isso não pode lhe dar.

Neste momento você está lendo isto num ambiente seguro e tranquilo. Ninguém está gritando com você. Então, pergunto novamente: como você desenharia o planeta?

As cenas de maus-tratos não estão acontecendo perto de mim e assim, no conforto de minha casa, tudo está bem. O homem que agride a mulher não é meu vizinho.

Neste exato instante você sabe quantas mulheres estão sendo agredidas, espancadas? Não sabe!

Nos Estados Unidos, país mais rico do mundo, isso ocorre a cada 15 segundos. E no restante do mundo? E no Brasil? E em nossa cidade?

E em nosso bairro, em nossa rua?

Nos países mais subdesenvolvidos as agressões ocorrem a cada 5 segundos.

Nos desenvolvidos, quatro mulheres apanham a cada minuto, ou seja, 240 são agredidas por hora, o que corresponde a 5.760 por dia. Somem-se por semanas, meses, anos, para que nossa pintura da face da Terra seja com lágrimas em seus olhos.

Mas não paremos por aqui. A maior causa de mortes de crianças é a fome e a desnutrição. A Organização Mundial da Saúde (OMS) estima em 5 milhões de mortes por ano, equivalente a 13.700 crianças morrendo todos os dias.

Em seu desenho como ficam os olhos da face do planeta?

Os sem-teto, desabrigados pelas violências das guerras, segundo a Organização das Nações Unidas (ONU), são em torno de 20 milhões, vivendo em condições precárias em acampamentos para refugiados.

Estima-se também que mais de 100 milhões de crianças dormem nas ruas das grandes metrópoles do mundo. A aids infecta 45 milhões de pessoas na atualidade, segundo dados da OMS.

Então, como você desenharia a face do mundo?

Organizações criminosas, dentro dos presídios, determinam a matança de policiais, principalmente em São Paulo e Rio de Janeiro.

Uma bomba-humana explodiu no Oriente Médio, mas nós não conhecíamos Mustafá, nem Calil, nem Jara, nem Hanah. Estou do lado de cá do planeta e assisto a tudo, ao vivo e em cores, na minha televisão. As tragédias já não assustam mais, não nos comovemos nem um pouco. Estamos indiferentes e massificados.

Ontem, os viciados e os traficantes de drogas estavam bem longe de nossas casas. Hoje estão em nossas famílias, dentro de nossas casas.

Então, como ficaria a face da Terra em seu desenho?

Abordamos esses aspectos de violências, mas não nos esquecemos dos pequenos conflitos de relacionamentos, motivados, muitas vezes, por implicâncias e humilhações a conta-gotas. Relacionamentos desgastados entre casais, entre pais e filhos, desastrosos nas escolas, no trabalho, no trânsito e na convivência diária.

Para que todas as discórdias terminem paulatinamente, bastaria tão somente que os homens cumprissem os Dez Mandamentos - princípios divinos para melhorar o relacionamento entre as pessoas.

Jesus, quando viveu entre nós, resumiu-os em um único mandamento: "Amarás ao senhor teu Deus, com todo teu entendimento, sobre todas as coisas, e ao próximo como a ti mesmo." Deus acima de tudo, com verdadeira adoração. O amor ao próximo está condicionado ao amor que devotamos a nós mesmos. Quanto mais nos amarmos, mais amaremos ao nosso próximo.

Jesus não nos pede que amemos a humanidade, pois sabia que o amor está diretamente relacionado com o conhecimento do outro. Só amamos porque conhecemos. E só conhecemos porque amamos.

Quem amasse a Deus, a si mesmo e ao próximo, com certeza não contrariaria os outros nove mandamentos. Não mataria, não roubaria, não desejaria o que pertence aos outros, honraria pai e mãe etc. Seguiria exatamente o preceito maior: "Não faria aos outros aquilo que não quereria que lhe fizessem."

Acompanhem, agora, uma conversa entre pai e filha:

> – Parece que você não entende, minha filha. É seu futuro que está em jogo. É a sua vida!
>
> – É o senhor que não está entendendo. Faz tanto tempo que o senhor foi jovem que já se esqueceu de como é amar alguém. Estou dizendo que amo meu namorado. E o senhor continua sem entender.
>
> O pai olha incrédulo para a filha. Não acredita no que está ouvindo.
>
> – Você precisa me ouvir, filha.
>
> – Não, não quero ouvir! Só estou comunicando que neste sábado vamos ao Cartório para nos casar. Ou o senhor gostaria que a gente simplesmente juntasse os trapos e fôssemos viver juntos?
>
> Fez-se silêncio.
>
> – A decisão é sua. Mas vou lembrá-la de apenas dois casos ocorridos com você e ele aqui em casa.
>
> – Lembra-se de que você vestiu uma blusa branca,

linda, realçando seu colo e ele queria que você usasse outra diferente? Lembra-se de sua reação? Ele mandou que você trocasse a roupa. E o que você fez?

– Troquei.

– Trocou porque ele gritou com você, cerrando os punhos.

– Lembra-se do último domingo, quando o convidamos para almoçar aqui em casa? Ele, o amor de sua vida, não hesitou em constrangê-la frente a toda família. Quando disse algo que o desagradou, você foi para o quarto, chorando. Se é assim que ele a trata agora, o que fará mais tarde, quando conviverem no dia a dia?

– Mas eu o amo. Adoro!

– Ele é seu Deus, a ponto de ser adorado?

– É sim. O senhor tem toda razão.

Passado algum tempo, o pai não se admirou quando sua filha acordou do seu sonho, retornando para a casa paterna, com vários hematomas pelo corpo e uma ocorrência registrada na delegacia. Ela sofria agressões constantes do seu amor, o jovem adorado. Ela acordou a tempo. O casamento, o relacionamento, foi desfeito.

Amor que agride não é amor. É obsessão. O amor liberta, a paixão escraviza. Vivemos uma época de alta tecnologia, e a ciência caminha a passos largos. Mas o homem, em seu interior, parece diminuir a cada instante. Desaprendemos a amar.

A mão e a inteligência que desenvolveram o transístor também nos legaram a bomba atômica.

Com tantos avanços na Ciência, com tantas informações, como é possível tanto desamor? Como é possível que a fome, a opressão, a tirania ainda dominem o cenário do mundo?

Queremos que a ciência cumpra uma tarefa que não lhe está designada. Os problemas que nos afetam não são problemas tecnológicos ou científicos. São problemas de ordem moral, gerados no interior do ser humano, em sua alma. Isto a ciência não tem como resolver. Os problemas que nos oprimem têm suas raízes no desamor.

Bastaria tão somente que seguíssemos um único mandamento entre os dez ditados a Moisés. A Lei do Amor. Os outros seriam obedecidos por consequência.

Caminhamos a passos de formiga e sem vontade, já cantou Lulu Santos.

Façamos com que os Dez Mandamentos tornem-se parte integrante de nossas vidas, e os nossos relacionamentos melhorarão com certeza.

Nosso amor é pequeno e frágil diante do amor de Deus, incondicional. Por isso não devemos conceder um lugar supremo em nossas vidas a algo ou a alguém que, às vezes, possa nos desapontar e nos machucar. Deus deve estar acima de tudo em nossas vidas.

Já faz mais de 2 mil anos que Jesus ensinou o caminho da boa convivência, da paz e harmonia entre os homens. O que estamos esperando para que a face, os olhos do mundo se encham de alegria e de esperança? O que estamos esperando para uma vida em plenitude?

Mario Quintana, falecido poeta gaúcho é quem nos diz: "Quem não compreende um olhar, tão pouco entenderá uma longa explicação."

O amor não precisa de explicação. Invade e fim.

Você precisa conhecer:

A vingança do judeu

Vera Kryzhanovskaia | Espírito John Wilmot Rochester

Romance mediúnico • 16x22,5 • 424pp.

Uma tradução mais aprimorada, uma linguagem ao mesmo tempo moderna e fiel ao original – é assim que se apresenta esta nova edição de *A vingança do judeu*, um dos maiores best-sellers do autor J. W. Rochester, mestre na arte de tecer insólitas tramas e de descrever com detalhes os personagens, seus sentimentos e a trama em que se envolvem.

Cora do meu coração

Mônica Aguieiras Cortat | Espírito Cora

Romance mediúnico • 16x23 • 344pp.

Um grupo de espíritos se reúne, numa colônia do mundo espiritual, para contar as histórias vivenciadas na Terra. E, para nos servir de exemplos de vida, transformam esses relatos em livros. Dessa vez é Cora quem nos conta sua experiência, de uma forma envolvente e com a simplicidade que agrada a todos. *Cora do meu coração* é um belo romance, enchendo-nos de interesse e emoção a cada capítulo.

Getúlio Vargas em dois mundos

Wanda A. Canutti | Espírito Eça de Queirós

Romance mediúnico • 16x23 • 344pp.

Getúlio Vargas realmente suicidou-se? Como foi sua recepção no mundo espiritual? Qual o conteúdo da nova carta à nação, escrita após sua desencarnação? Saiba as respostas para estas e outras perguntas, agora em uma nova edição, com nova capa, novo formato e novo projeto gráfico.

Você precisa conhecer:

Vivendo um dia de cada vez
José Milton da Costa
Autoajuda • 14x21 • 216pp.

"Durante um tratamento espiritual recebi duas dádivas da espiritualidade: a primeira dizia que não basta proferir palestras, mas trabalhar constantemente na seara espírita. A segunda eu compartilho com todos que lerem este livro". Palavras do autor.

O homem que mudou a história
Geziel Andrade
Autoajuda • 16x22,5 • 248pp.

O Universo, representado pelas leis divinas, trabalha sempre e incessantemente a nosso favor.

Tudo é possível àquele que crê e que investe esforço para realizar. Basta para isso se dispor com boa vontade e perseverança, acreditando sempre, colocando fé naquilo que deseja que aconteça ou naquilo que deseja mudar em sua vida..

Oito semanas para mudar sua vida
José Lázaro Boberg
Autoajuda • 14x21 • 168pp.

De quantas virtudes precisamos para alcançar a perfeição?

Esta é uma pergunta assustadora, pois a conquista de virtudes não é algo fácil de conseguir. Porém, se estivermos imbuídos de uma vontade firme e desejo ardente, aos poucos poderemos alcançar essa conquista. Elaine Aldrovandi elaborou esse livro justamente para nos auxiliar nessa busca incessante de progresso espiritual.

Não encontrando os livros da EME na livraria de sua preferência, solicite o endereço de nosso distribuidor mais próximo de você através do Fone/Fax: (19) 3491-7000 / 3491-5449.
E-mail: vendas@editoraeme.com.br – Site:www.editoraeme.com.br